经营在人

[韩] 李秉南 / 著
金海鹰 / 译

当代中国出版社
Contemporary China Publishing House
2018 年 · 北京

本书获得韩国文学翻译院的出版资助。

著作权合同登记图字：01-2017-4159

图书在版编目（CIP）数据

经营在人 /（韩）李秉南著；金海鹰译. -- 北京：当代中国出版社，2018.12

ISBN 978-7-5154-0783-8

Ⅰ. ①经… Ⅱ. ①李… ②金… Ⅲ. ①企业经营管理—研究 Ⅳ. ① F272.3

中国版本图书馆 CIP 数据核字（2018）第 181473 号

出 版 人　曹宏举
策划编辑　王延新
责任编辑　王延新
特约编辑　李　强
责任校对　康　莹
封面设计　信宏博
出版发行　当代中国出版社
地　　址　北京市地安门西大街旌勇里 8 号
网　　址　http://www.ddzg.net　邮箱：ddzgcbs@sina.com
邮政编码　100009
编 辑 部　（010）66572264　66572154　66572132　66572180
市 场 部　（010）66572281　66572161　66572157　83221785
印　　刷　北京润田金辉印刷有限公司
开　　本　880 毫米 × 1230 毫米　1/32
印　　张　7.875 印张　插图 57 幅　143 千字
版　　次　2018 年 12 月第 1 版
印　　次　2018 年 12 月第 1 次印刷
定　　价　35.00 元

谨以此书献给横渡沙漠的骆驼般驮着重担操劳一生而憔悴的父亲。

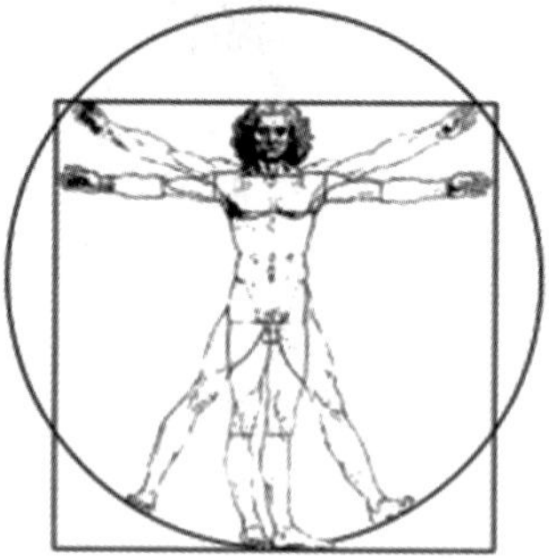

在文艺复兴时期后的理性主义时代，基于准确计算和几何学的机械论思维对自然法则的探究起到决定性作用。

新文艺复兴时期，这一觉醒的时代，需要使用能够完善和补充机械论方法之缺陷的有机论生态主义和通过阴阳互补、调和的逆说原理来重新审视世界和市场、企业和人。

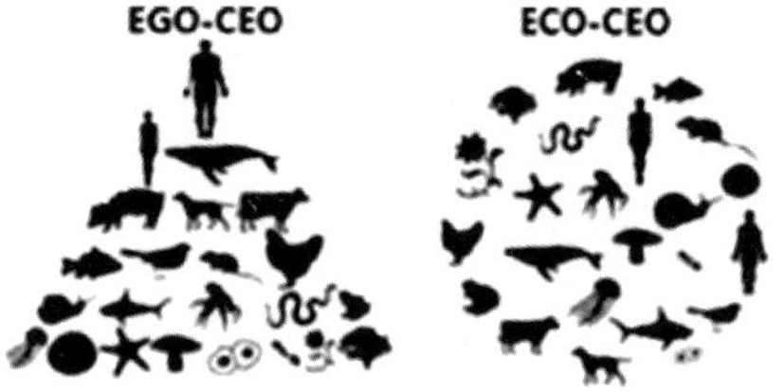

导读：书名上说的“人”并不意味着人类在所有存在中占据最高等级，也不是标榜人类中心主义。与此相反，本书重视的是人与世界所有存在之间的多样关系。这个“人”，是指认识到这种多样关系的有觉知的人。

作者简介

[韩]李秉南

历任 LG 人和院院长、社长。毕业于京畿高中，本科就读于西江大学经济学专业，在美国俄亥俄州立大学取得劳动与人力资源学硕士学位后，在明尼苏达大学取得劳资关系学（团体交涉、赔偿管理专业方向）博士学位。

1977 年，进入大宇实业工作，负责海内外经济分析与国际招标业务。后作为“现场研究员和翻译”，参与了西江大学产业问题研究所与德国劳动组合总联盟（DGB）共同开展的研究项目。该项目的目标是掌握韩国国内劳动与劳资关系现状。

1988 年，任加利福尼亚州立大学助理教授，在人力资源管理、赔偿管理专业研究生院以及本科授课。后历任明尼苏达大学管理系特聘教授、乔治亚州立大学助理教授，于 1995 年开始在 LG 人和院工作。最初负责 LG 集团的共同教育部门企划与实践项目，曾与 GE、Motorola、EDS 等开展合作，运营国际 CEO 会议。与伦敦商学院共同运营革新性人才培养课程——全球商业国际财团。与 McGill、Insead 大学等合作开展国际管理硕士课程项目（IMPM），派遣未来事业领导候选人，负责开发基于与管理哲学大师彼得·凯斯特鲍姆的讨论与省察的最高管理人领导力课程。2000—2007 年，担任 LG 集团人事管理一职，开发并运营人事管理、赔偿制度、劳资合作关系等项目。2008 年至今，担任 LG 人和院院长，负责开发运营基于项目现场与人事制度相适应的企业教育模式。这期间还历任教育部部长顾问、中央劳动委员会用户委员、韩国管理学会副会长、美国教育企业协会（ASTD）理事等。现任韩国管理教育认证委员会理事。

著有《竞争力与工资体系的国际比较研究》(1994)、《大转换——劳资合作关系》(1995) 等。论文有《美国劳动法改革促进现状与对韩国劳动政策的启示》(1994)、《美国企业的组织革新现状研究——参与管理与缩减的困境》(1995，合著) 以及英文论文（著作人名 Lee Michael Byungnam) "*Business Environment, High Involvement Management and Firm Performance in Korea*" (1998)、"*Bonuses, Unions, and Labor Productivity in South Korea*" (1996)、"*Empirical Study of the Effect for Business Strategy and Compensation System on Firm Performance*" (1995) 等。

1999 年，韩国能率协会授予“韩国管理人才大奖——特别功劳奖”，2012 年获得明尼苏达大学授予的卓越领导奖（Distinguished Leadership Award for Internationals）。

本书是身为管理学理论家、职场实践家的作者对现代管理学领域的相关理解与省察的结晶，是对于市场、企业和人这三个领域的全新理解与提案。这其中包含启发性思维，告诉我们在面临生态与资本主义危机时，人类文明要持续发展，我们该如何理解市场与企业的时代使命，该如何谦虚应对。作者言:“人类虽是所有问题的根源，但又是解决这些问题的解铃人。无论是管理还是人，最终的解决方法都是来自于拥有智慧的成熟之人。”在这个意义上讲，经营在人。

序　言

在本书中，笔者作为企业的经营者，以自我省察的方式叙述了自身从业务现场获得的关于经营的理解和想法，特别是对市场、企业和人这三个领域，提出了新观点和新的解决方案。在人类文明的历史长河中，当人类面临生态危机时，为了筹措应对未来的对策，使自身可持续发展，就必须理解时代赋予自身的使命，除去焦躁，以谦卑的态度种下应对未来的智慧的思维种子。笔者探究韩国经济成果的光明面和阴暗面，查找其根源，并探寻两者之间的悖论关系。笔者作为韩国现代史上具有代表性的战后生育高峰当中出生的人，立足于朝鲜半岛文化史，从经济相关联的角度出发，试图理解韩国人的认同性，与此同时，进行了全面而深入的探究，特别是关于威胁世界经济现状的两极化对立问题。笔者期待位于这一焦点问题中心的韩国，能够以亚洲智慧和尖端技术充分发挥出其特有的热情，找到合适的解决方法。即使现在还找不到有效的解决方案，但是会努力发觉自身问题，尽量找到可实施的解决方法。

十几年前，我在一份外国报纸上看到德国经济学家写的一篇文章，说韩国人性子急，是爱冲动的、热情的“亚洲的拉丁美洲人”，还说韩国是一个“不可预测的国家”。以踢足球为例，一直处于低谷的韩国足球队忽然在世界杯上奋发图强，竟一路高歌猛进。貌似发展良好的韩国经济却突然遭遇危机，一下子沦落到要申请国际货币基金组织救助的地步。然而更出乎大家意料的是，韩国又很快从危机中起死回生，发挥出令所有人瞠目结舌的“实力”，最终令全世界刮目相看。由此他得出了一个结论，那就是韩国是一个“不可预测的国家”。从历史上看，韩国各朝各代都持续了 500 年以上。直到现代，在各种几近破灭的危机下，韩国一次又一次地奇迹般起死回生，这个国家展现出惊人的突破危机的应变能力。如今韩国在地球村中担任着更为重要的角色，韩国不仅在短期内飞速发展，确立了其在世界格局下的经济地位，已彻底改变了以往的“静谧的晨曦之国”的形象，而且已成为传播“韩流”大众文化的变革中心。近代以后，在帝国主义强悍蛮横之统治下，沦落为殖民地而痛失所有权的国家当中，韩国的发展变化无疑是一个振奋人心、令人充满希望的生动例子。韩国在列强的夹缝中间，在国土分裂的情况之下，还能够取得奇迹般的经济成长，据我了解这使得很多国家羡慕不已，他们渴求学习韩国的成功秘诀。

不论是韩国还是其他国家，要了解一个地方的经济和经营管理的成功秘诀，首先要了解当地的特征性条件。就拿韩国来说吧，韩国经济在经历了殖民战争和殖民掠夺以后，想要在废墟上重建家国，难度可想而知。当时产业化初期的条件十分简陋，接连出现混乱的状况。当时的环境与 21 世纪开拓尖端信息时代的环境相比，真是天壤之别。这些问题与其说是产品和流通方式的变化、资本和产业规模的扩张，不如说是构思、制作、消费的变革，人们的生活和沟通方式、情感和思维方式的变化。这就要求经济学或者经营学能够提出与之前不同的新思维模式。

在整理这些内容的过程中，面对市场的悖论、企业利润的悖论、人类存在的悖论，笔者开始有了始料不及的苦恼。悖论在西方叫作 paradox，这个词原本是由希腊语中的两个词合成而来。一个是并行（para），一个是信任（doxa）。悖论表示对立的两个信任并存，这就和矛盾（contradiction）这个词的意思不同了——矛盾强调的是条件的对立，强调二选一。东方传统中，阳包阴、阴包阳的太极图案，比任何方式都更明确地表现出这种悖论关系。现实中我们要解决的各种问题及境况，也都如悖论这般错综复杂。

再明智的人，如不抛弃已有答案和旧思维模式，都会更加远离新智慧。知识与智慧的路径有所不同，有时要放下知识才能开始看到问题的本质。接受悖论就能获得智慧，但是将世界的事情仅仅以矛盾的观点来看待的时候，在解决过程中，就会扔掉两者中的一个。但是有些东西是绝对不能扔掉的。天与地，女性与男性，存在（being）与行为（doing），创造论与进化论……种种看上去互相对立矛盾的关系，两者缺一便不能完整，如此互相牵制、互相补充的关系，不能随便就扔掉一个，而是为了解决一方的问题，要把另一方也融合进来，要超越两者之间的对立。所以说他们是paradox，是悖论关系。因此，若想同时接受两者，就得先脱离以往的看法。不过，改变观点和信念不是一件容易的事情。

如若不是要避开死亡的极端情况，或者走到了绝境、别无他法、不得不改，人真的很难改变。如此，若不革新，就将灭亡。此种状况，在经营管理学中叫作燃烧的平台（Burning Platform）。佛教传统上把这种迫切的觉醒叫三界火宅，并催促人们快点跑出来。如今世界经济的现实正是如此。情况不理想甚至没有退路，当然，物极必反，这也可能成为福音。若人以拼死的觉悟跑出来的话，就能够达到高于预期的成长。当自身的格局变大的时候，就能领悟到：曾关押自己的狭小的监狱和捆绑的脚镣，会自动解开并自行消亡。就像凡夫俗子因为格局太小而受到周围的多种干扰，菩萨却因为自身格局大，外部的力量无法动摇他。

这本书又是一份报告书，它对市场和企业及支撑市场和企业的人所遭受的种种困境，进行悖论式的收容，并摸索其解决方案。就跟这本书的题目一样，首先要了解人，才会对企业和市场有新的认识，即用以前的方式无法了解当今时代的人。因为人是所有问题的根源，解决这些问题在于“人”，所以脱离迟钝愚蠢阶段的、拥有成熟智慧的人，才能得出最终的答案。“人”是通过人与人之间的关系而不断变化的一种存在，这一事实着实让人激动。除了身体的变化以外，不论是我们的情绪还是精神，都随时可能变化成其他状态，这一点也可能有些恐惧和危险，但这也正是希望所在。之前只提倡“只要做就可以”的单纯理论，没有关注人的内心，而当今时代要求我们对人进行多方面的深层了解。万幸的是，现在比以前开发出了更加具有分析性和综合性的多种方法。因此，只要努力，谁都可以掌握对人的理解、对自身探究的要领。

企业和市场的情况也是如此。单单了解产业化过程中的企业和市场，不仅无法准确地掌握现今的企业和市场，而且被歪曲、僵化的视线更容易使情况恶化。经历了多种矛盾和误解后，同时也积累着要解决该问题的省察和经验，随之解决方案也逐渐完善起来了。这不是什么跨时代的秘诀，而是在合理的常识性的层次上做到了对人、对企业和对市场有了更准确的理解。只要抽出时间并用心去体会，谁都可以产生共鸣并能找到解决问题的途径。

在此，笔者从当今时代要求的生态论的思维方式，理解市场、企业和人的存在形式，将企业设定为：要在市场生态界生存并繁荣的生命体。努力探索企业与顾客，企业与员工、合作方和投资者等所有利益当事者的关联性，尤其是共享共生与可持续性的价值，并通过相互合作，来寻求一起成长和成熟的共同体之路。对于人，重点关注劳动的人（Homo faber）的面貌，摸索从悖论的角度将“机能不平等性”和“存在论平等性”的原理互相统合的方法。觉醒的时代、节日般欢乐的市场、拯救世界的企业……为尊严而存在、劳动的人们，期待有更多的伙伴共同参与到这场有如巡礼般庄严的旅程中。

2014 年 12 月

李秉南写于友南斋

目录

市场

企业

人

市场

目前最急需的是对人、企业、市场的全面理解及全面扩散有机论生态主义观点，因为这是时代所需的观点。机械论理性主义的最大弊端之一就是无限竞争，现代人被其折磨，深受其害。现在，现代人自我存在的不安情绪将会通过有机论生态主义观点得到彻底的解除。市场并没有必要成为无限竞争的竞技场或强盗肆意掠夺的战场。若我们能够感知到市场是有同感能力的社会性群体所打造的庆典现场，那么我们就可以通过悖论式的变容，创造出时代的转换点，从而将当下严酷的现实转变成福音。

市场的悠久传统

民主主义诞生在古希腊，古希腊最热闹的地方应该是城市广场。从这里开始出现了直接民主主义，即召开民会，举行审判和商业活动，我们的传统里也存在相似之处。据《三国遗事》记载，乘着风、雨和云彩，桓雄从天而降，开启了世界，这就是市场。古朝鲜称之为“神市”。这与上帝的旨意相通，“在世里化，弘益人间”，即“走到世间，让人们都有益”。进行感恩的敬拜与祭祀，神圣而虔敬之地居然是闹哄哄的市场！还记得当时我难以相信这种悖论式的说法，反复读了好几遍。

1980年我离开韩国后，过了15年才回国。回国后，遇到不少生疏的状况，也听到不少莫名其妙的事情。其中有些话让我感到十分诧异，如“韩国人的平等意识太强，所以办企业很难。作为社会主义国家的中国，比我们更具有市场亲和力”。韩国人的创业思维尤其活跃，不论是农村还是城市，都有很多有特色的经营项目。人群聚集的地方很快就会形成店铺，如果条件不如意，哪怕摆地摊也要做生意的就是韩国人。实在不行，老奶奶们在篮子里装几把野菜，吆喝几声野菜的做法，就能马上聚集起人群。为什么会有相反的说法呢？怎么想都觉得奇怪。观察和考察几年后我才发现：如果说韩国人有反企业和反市场的倾向，那么这些是因为经历了政治上不幸的时期后，人们产生了对国家、社会和政治的不信任。我越来越确信韩国人的反市场倾向不是与生俱来的。 通过这本古老的历史书，我的想法得到了验证，我真是既高兴又感恩。

有最新资料能够更客观地显示韩国的企业环境。位于华盛顿的世界银行 2014 年 6 月发布的“2015 年企业环境评价”中，189 个很适合经营企业的国家和地区排名里，韩国继新加坡、新西兰、中国香港、丹麦之后排第五位，挪威排第六位，美国排第七位，英国排第八位，中国大陆则排第 90 位。[①] 其实自 2011 年以来，韩国排名一直保持在前十名以内。从内容上看，创业、建筑许可、供电、小额投资者保护、缴纳税务、通关手续等诸多方面，韩国都获得了很高的评价。在韩国经营企业比在其他国家难度大，这一现象很难找到其客观依据。

① http://www.doingbusiness.org/rangkings.

要说对市场有负面认识，那或许就是生活的方方面面都用金钱来计算的这种市场主义、商业主义，着实让人反感。俗话说“仓廪实而知礼节”，互相交换必要的东西，不管在精神上还是在物质上都给人们创造致富的机会，这本身是件让人感激的好事。不过，生活的所有领域不是都能用市场原理解释清楚的，特别是教育、社会福利等领域，不能放任其受市场原理的支配，所以说市场主义无疑是需要警惕的对象。因此，了解市场的原本面貌是更重要的。这一重要性我们的祖先在数千年的生活中早已看穿，于是在我们曲折的历史中，市场始终位于中心，而且只要是有人生活的地方大多如此。哪怕是古朝鲜时期，被视为神圣神灵的神市也是如此——很多人聚集在一起交换东西、交流信息，所以市场并非严肃清静的地方，而是令人向往富裕生活的地方。市场里，各种能人聚在一起，摆起歌舞百战，边喝酒边娱乐，趣味多多、热闹非凡。我童年时代的市场就是人声鼎沸，着实有趣。入小学前，我跟随在军区司令部工作的爸爸住在大邱新岩洞，我时常和奶奶走着去新川大桥对面的七星市场，那时的情景我记忆犹新——每次去市场时就能吃到奶奶给买的蘸着豆粉的年糕，每次我都过足了嘴瘾。现在去传统市场赶集，也能遇到津津有味的故事，感受到人们礼尚往来的人情味。乡下五日集还有民间艺人的说唱叫卖，每每令人不禁驻足观看。朝鲜半岛最古老的《八条禁法》中记载着“伤人者须以谷物赔偿”

的条款，同时还记载着“偷窃别人东西者，须赔50万钱赎罪”，这说明当时就已经有了相当水准的实物经济和货币经济。

2500年前，在古代希腊雅典，西方哲学之父——柏拉图的学院奠定了西方文化的基础。与古朝鲜比邻的中国山东半岛上，在齐国，孟子、荀子担任着“校长”职责，他们掌管的稷下学宫[①]一片繁荣景象，而这里正是东亚智慧的摇篮。据传，当时这些国家把类似小刀形状的子母钱、明刀钱等金属货币用绳子串起来用于贸易。[②]古朝鲜以来市场始终保持繁盛，《三国史记》中记载着平冈公主卖金手镯置办家当，嘱咐丈夫温达“到市场上买病马或者瘦马”。平冈公主不仅把出身贫穷的丈夫温达培养成将军，使他充分发挥了自身的军事才能，还把廉价买来的病弱的马都喂养成了骏马。换成现在的话说，公主的做法就如同一个现代人，因为手头紧，于是就去旧货市场选购了一辆耐用又便宜的

---

① 白奚：《稷下学研究：中国古代的思想自由和百家争鸣》，Lee Imchan译，松树出版社2013年版。春秋五霸、战国七雄之一的山东半岛，齐国首都临淄都城的西大门，即稷门外，不论国籍和出身，有能力的儒生们聚集在一起做学问。准备立身成名的稷下学宫（Jixia Academy）始于公元前374年，维持了150多年。在这里可以自由地讨论政治，儒生们都对国家的安危持有责任感，毫无顾忌地对政府和君主进行批判。这作为东亚智慧的宝库，开启了百家争鸣的时代，成为儒家、道家、法家和墨家等思想形成的主要基础。稷下学宫自秦始皇一统天下就完成了使命。但是，构建秦帝国思想基础的法家代表人物韩非子和秦始皇狡猾的参谋李斯，也曾在这里同门受业。树立阴阳五行说的邹衍也出身于此。

② 朴善美：《古朝鲜和东北亚的古代货币》，学研文化社2009年版。

二手车，使旧车换新颜。《高丽史》中记载的百济歌谣《井邑词》中，等待丈夫行商归来的夫人反复吟唱："还奔波在集市上吧？"这首哀怨的歌也传达着百济王国市场的氛围。《三国遗事》中记载着百济武王小时候"采集、售卖薯蓣为生，所以称其为薯童"。我们可以想象武王和新罗出身的善花公主出入百济野菜市场的情景。有关新罗的内容在唐朝的记录中也能找到。"市场上总是女子在买卖东西。"从这段内容也能看出1000年前新罗女子主导经营的新罗都城徐罗伐的氛围。通过诸多记录，我们可以知道高丽时期的商业环境大不同于朝鲜时代的汉阳，朝鲜汉阳是严禁女性从事社会活动的。①

这样粗略的浏览也能知道在韩国历史上市场始终是作为民生的基础来运营的，无论是对个人还是对整个国家。

市场的人们

非洲西北端摩洛哥古都马拉喀什市的吉马·埃尔弗纳广场（Jemaa el-Fna Square），是联合国教科文组织指定的人类文化遗产名胜。这一市场给人一种仿佛穿越到中世纪旅行的错觉。随处可听到老人们讲故事，据说大部分是

① 转引自Park Eunsook《市场的历史》，历史批评社2008年版。

《一千零一夜》里的。即使听不懂这里的语言，但从他们悲壮的表情或手脚比画中，从他们的连唱带喊中，从听众的反应中，人们也能领会出故事里瞬间的紧张。

日落时分，就能看到吹笛子耍蛇的人、吞火的人，伴随着各种乐器声和商贩的吆喝声，冒着白烟的羊肉串……鳞次栉比的各种摊位陆续开始营业，四处飘散着美食的味道，就像在韩国东大门市场。摩洛哥人开始在这里活跃起来，广场的名字吉马·埃尔弗纳竟然包含着“死人的聚集地”这种杀气腾腾的意思，因为这里曾是血腥狼藉的刑场。

在市场被处死的罪人大都是因为得罪了掌权者。魔女

大雪纷飞的夜市

被焚刑的地方也是市场。高丽末期，郑梦周因为反对新王朝的阴谋，遭暗杀后在开城的市场上被枭首示众。最早的韩文小说《洪吉童传》的作者许筠（1569—1618）尽管是朝鲜最高的门阀出身，也因为谋逆的冤枉罪名，在街市上同样遭到枭首的悲惨命运。若只关注这残忍的一面，会认为市场是为了获胜而不择手段残杀无辜的恐怖之地。

不仅在东方，即使在西方，对“人之本性”的讨论也

花茶货架

是众口不一。托马斯·霍布斯（Thomas Hobbes，1588—1679）在《利维坦》（Leviathan）中认定，人的本性就是那么邪恶自私。17 世纪的英国，为了国家的富强拼命地赚取金银的时代，政治上全国上下都不安定，经济上也处于极

琳琅满目的果蔬

度混乱状态，托马斯·霍布斯把当时互相撕咬、互相争抢的现实定义为“所有人对所有人的战争”。他主张，要想担当这种惨不忍睹的现实，就要有能够统治这些鲁莽人的绝对权力，就如《旧约圣经》中《约伯记》（Job）里出来的大海怪物利维坦（Leviathan）一样，要拥有可怕的统治权才行。

当时他期待的绝对权力或政府，有多么正义、多么智慧，这些问题暂且先放一边。有时人们不得不同意如此激进的主张，因为人的行为和心态存在卑劣和愚蠢的一面，这种人聚集的市场，如果不能进行自我管理，则有可能成为盗贼的窝点。

虽然预防这种弊端的经济学知识已很充分，但要想理解其脉络，用更好的选择来实现政策，最紧要的是对现今的人与企业及市场进行大范围的了解。本书中，笔者主张急需扩散有机论生态主义观点，因为这是时代的召唤。机械论理性主义的最大弊端之一是无限竞争，现代人已被其折磨成“成果主体”，[①] 相信有机论生态主义观点将会彻底解除这些现代人所经历的对自我存在的不安情绪。市场不必要成为无限竞争的竞技场或强盗肆意掠夺的战场，若能够感知到市场是有同感能力的社会性存在打造的庆典现场这一点，我们就可以通过悖论式的变容创造时代的转换点，从而将当下严酷的现实转变成福音。

比如不把市场原理压缩成需求和供给的抽象曲线，不做两个手指操作的剪刀手，而是将它当成作用于市场的所有要素及包揽万物的宇宙的调和，或是用大慈大悲来呵护万物的千手观音菩萨（Sahasrabhuja）的手，如何呢？

不久前，因为去出差路经德黑兰，伊朗虽然受到国际社会的严重经济制裁，但是当地传统市场 bazaar 仍然人潮涌动，经济活动很活跃。《三国遗事》里不仅记载着高句丽、新罗和百济的市场，还记载了高丽建国时首都开京也设立市场的内容。还有，通过 200 年后宋国使臣徐兢（1091—1153）在高丽首都停留时记录下的 1123 年见闻录[②] 可以窥见，从光华门穿过东十字阁，沿着钟路，建有数百

① Han Byeongcheol：《疲劳社会》，文学和知性社 2012 年版。

② 徐兢：《高丽道经》，Jo Dongwon 等译，金牛座出版社 2005 年版。《高丽道经》是献给宋朝徽宗的报告书形式的书，详细记录了高丽的政治、经济、社会、文化、军事、艺术、风俗等。

托马斯·霍布斯的《利维坦》封面，1651 年

高丽时代千手观音像，法国吉美博物馆藏品。2015 年 1 月 22 日笔者在巴黎出差时拍摄

间店铺，那里发生了各种事情。（汉阳是模仿开京的都城，由今天四大门里的首尔就能猜想到当时集市的面貌。）就像前面提到的古朝鲜的神市一样，高丽时代的市场不仅仅是贸易往来的地方，也是吃喝足具的场所。就像生态界的“空隙”超越物理性的空间，是相互依存的“拉关系”一样，市场是人们在来来往往、聚聚散散中，通过多层面的交流，丰富了我们生活的地方。尤其是维持王权被视为最高任务

的王朝社会，市场又是慈悲的王施与恩惠、实现福利的地方。“每经过十个店铺都摆着佛像，大坛子里盛着粥，不分贵贱谁都可以享用”，在徐兢著作《高丽道经》中可以确认他的观察记录。这个记载中“王子在街道边集市上，煮粥给那些饥饿的人们吃了三天”与1292年《高丽史》之《忠烈王篇》的记录是一致的。[①]

传统的农贸市场

① 参考《高丽史》忠烈王十八年（1292年）5月26日记事，国史编纂委员会。http：//db.history.go.kr/KOREA/。

对贫穷和富有的研究

如今很少听到的一句俗语是“国王都很难救济贫穷”。其意为：即便国王带头努力，但穷人太多的话，百姓终究还是填不饱肚子，普通人就更无力解决贫穷问题了。这是在压抑的现实生活中因自己的无能为力而发出叹息的悲情。到底怎样才能让国家富强？富国与穷国之区别是什么？选择什么样的政策，放弃什么样的政策，才能使国民的生活好转一些呢？

亚当·斯密（Adam Smith，1723—1790）无疑是对此问题考虑得最多的人之一。

1776年亚当·斯密的力作《国富论》（An Inquiry into the Nature and Causes of the Wealth of Nations）使亚当·斯密成为“古典经济学之父”。该书的题目是国家的“国”与富裕的“富”组合而成。我们可以推测，该书的内容应该是在国家层面上探讨什么样的政策有助于国家经济的发展，什么样的政策妨碍经济发展。但是亚当·斯密从没有以经济学家的身份参加

亚当·斯密，1790年

过任何社会活动，相反，他是研究道德、历史与文化、语言和自然科学、伦理学和哲学、社会和政治及法律学的道德专业教授，是典型的穷书生。因此，比《国富论》诞生早 17 年的 1759 年，亚当 · 斯密以哲学家身份发表的代表作是《道感情操论》。喜怒哀乐，就像人的性情中有欢喜、悲哀、爱恋、愤怒这些感情，对于世上的对与错也会产生相对应的“道德感情”（moral sentiment），亚当 · 斯密把人间的感情作为人间道德的判断线索。将此换作我们所熟知的孔子的说法则是，上天的德反映在人间的四个字“仁义礼智”中，其相当于“判断对与错的心”，即“智”。

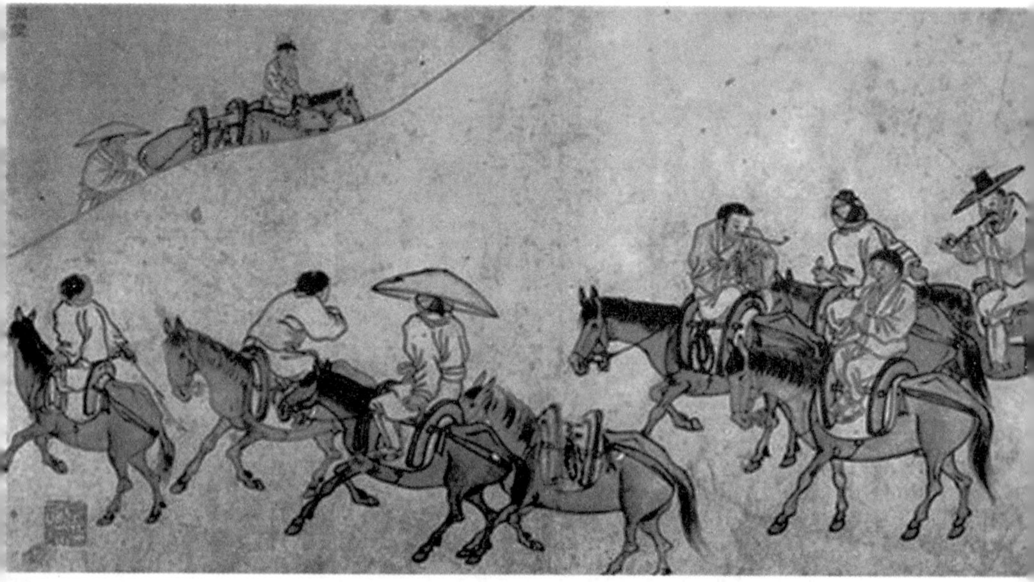

金弘道，《去集市的路》,18 世纪

随着此书的出版，在道德哲学界占有一席之地的亚当·斯密，同时也获得了在当时来说比较难得的海外旅行机会。1764 年他从邻国法国到现在的瑞士，一路了解了欧洲各国的生活时貌。这个旅行从结果上说，成就了道德教授亚当·斯密同时开展经济研究的契机。同时代朝鲜的正祖，被称为“改革君主”，他设立的王室图书馆奎章阁内，李德懋（1741—1793）、朴齐家（1750—1805）以及与他们有特殊交情的洪大容（1731—1783）和朴趾源（1737—1805）等在工作。他们是当时受到正祖宠爱的又聪明又机灵的儒生，他们访问了清朝的京城，也见识了传闻中的西洋文物，尤其关注到市场中发生的变化，并把值得学习之处记录、整理、保存了下来。一直探索朝鲜富强之路的这些儒生，希望朝鲜百姓也能够像 以“管鲍之交”而闻名的齐国宰相管仲（约公元前 723—前 645）所强调的“仓廪实而知礼节”那样，衣食无忧、堂堂做人；像孔子所说的，有“谦让之心”，使朝鲜也成为讲究礼仪的国度。

朴齐家在《北学议》[①]中感慨道：“岭东产蜜，但不生产盐。关西虽然产铁，但没有柑橘。北岛麻收成好，但缺少木棉。山区红豆多，海边却鱼酱和鲇鱼多。除此之外，岭

① “北学”出自《孟子·滕文公》。“陈良是楚国人。他北上学习，但是北方的学者们也基本没有比他强的。”即南方出身的学者去北方学习儒学的意思。朴齐家引用此文主张应学习中国文物。1778 年他把自己的著作取名为《北学议》之后，以学习清朝的先进文物的意义被广为使用。

南老寺庙里生产纸张，青山和报恩地里枣树成林，汉江入口的江华柿子多。不过想把这些都互相利用起来让人们富足，怎奈力不从心。”他主张“发展商业才能使国家富裕”，朝鲜也要像清朝那样通过活跃物资交流，使人民过上富足的生活。他的意思就是要通过国家层面发展市场。

这不是当时的贵族们所希望的。保持悠久儒家传统的朝鲜维持着“士农工商”的身份等级制度，即儒生、农民、匠人、商人的等级顺序。这样的社会环境使商业从事者无法维护自尊，本来应该通过买卖积累财富的商人们，就算再努力也很难得到利润；即使挣到了点钱，也依旧被人看不起。尤其是为了促进流通，需要开辟四通八达的道路，但是当时的商人们主要利用肩扛、背负的方式运送货物，顶多也就用驴背驮着。有一些知识分子想要改变状况，改善交通环境，做到像清朝一样，城里城外马车都畅通无阻。当时在朝鲜把他们叫作“北学派”，他们尤其强调商业的重要性，所以又被叫作“重商学派”。

他们思想的核心就是东亚悠久古典传统之一《书经》中出现的禹皇帝的治国之本——“利用厚生”。“利用厚生”是指百姓在现实生活中，开发方便的用具或机械以及流通手段，让吃的、穿的、用的富足，使百姓生活富裕的意思。尤其是，千余年前生活在朝鲜半岛的新罗和高句丽人基于发达的海路和陆路，通过车船运输商品享受了富足的生活。但是朝鲜因没能沿袭相关技术和缺乏行政能力，一直没能摆脱贫穷。对此感到心痛的他们，通过观察和记录清朝的车辆运输，提出了把它作为商品流通的解决方案。

英国的亚当·斯密也在同一时期抱着跟他们类似的疑问寻求着答案。18 世纪，英国伴随工业革命，经济也迅猛发展，但是农村的农夫和城市的工人依旧常常填不饱肚子，长时间享受特权的地主、贵族及都市的富豪们，不希望商人和手工业者成长壮大。亚当·密斯在国家层面寻求能解决严重的两极化和悲惨的劳动现实的经济改善方案。当时各区域货币单位和度量单位各不相同，而且受旧法规限制，建立工厂难度特别大，这引起了商人和手工业者的激烈反对。他们主张废除技术资格限制、禁止学徒换工作的法规。亚当·斯密评价他们的要求是正当的，确信这会给全社会带来积极效果。

商人和手工业者比起在农村占用土地的地主，给国民幸福带来更大的变化。地主虽然嘴上叫嚣是为了给农民创造就业机会，不过那只是一种虚荣心的表现，实际上也没带来什么帮助。相比之下，商人和手工业者，只要是能挣到一分钱，不管是哪里，他们都赶过去卖东西或提供技术。在扩大国家的财产、改善民生方面，比起那些懒惰的地主，勤劳的生意人给国民生活富裕带来的贡献更大。[①]

---

① 亚当·斯密:《国富论》第三册，第四章，Kim Suhaeng 译，Bi Bong 出版社 2007 年版。

古典经济学的诞生

虽然现在的市场和古时候的市场大不相同，但有一个共同特点，那就是市场上开展的经济活动是相同的。与此相关，亚当·斯密在《国富论》中说明了市场是根据“看不见的手”来分配资源的有效体系。这意味着必要的东西通过市场进入有需求的百姓手里。前文已经提及亚当·斯密作为道德哲学教授涉猎了很多领域，虽然已在欧洲作为哲学大师具占了一席之地，但是他写《国富论》五册书的10年期间，从未在书中提及过经济学（economics）一词，未曾想到自己未来会成为“经济学之父”。但是他通过这本书找到了哲学和政治学之间的夹缝，找到了经济学，亚当·斯密本人称之为政治经济学（political economy）。他的经济学如今被称为古典经济学（classical economics），也就是说，他的理论在经济学中历史最长且具有一定的权威性。

亚当·斯密1764年访问法国时，巴黎最有名的医生弗朗斯瓦·魁奈（Francois Quesnay，1694—1774）因为制作了所谓的“经济表”已经名声远扬。当时欧洲使用自然科学的方法论，比起絮絮叨叨的言语，更流行用图表或数表来概括原理。1758年魁奈出版了《经济表》（Tableau

Économique），这本书中解读了农夫、地主及工商业者这三个阶级在经济上互相依存的关系。曾经是大夫的魁奈拿人体来比喻经济——为了健康，人体需要充足的血液以及充分的循环；国家也一样，要使国家经济保持健康的状态，需要相当于人体血液般的货币使其能够顺利地周转。魁奈的理论深深地打动了亚当·斯密，于是亚当·斯密直接去找魁奈求教，针对不清楚的地方一一提问，探索经济发展的原理。当时魁奈还给血气方刚的知识青年德尼·狄德罗（Denis Diderot，1713—1784）和达朗贝尔（Jean-Baptiste le Rond d'Alembert，1717—1783）提供了帮助，把整理经济基础概念的原稿投到《百科全书》（Encyclopédie）。从1751年起，至1772年出版最后一卷，这本号称"包含世界所有知识"的书不仅开启了法国人的智慧，更重要的是唤醒了市民意识，也为1789年的市民运动奠定了基础。

魁奈对中国和印度等东万文物特别感兴趣，所以他把道教（taoism）传统流传下来的"无为"的概念理解为"勿做不自然、人为的行为，让其顺其自然"，翻译成法语就是laissez-faire或者laissez-passer。这是一种养生术，是一种修道的基本态度，通过培养腹部的力量，使大脑中发生的各种各样的变化及无常的想法能自然而然地平息下来，以此调整身心均衡，使人健康生活。但是，出人意料的是，这句话被错误地理解成了"自由放任主义"经济政策的代名词，以致误用。如今，更被误解为放宽及解除限制的各种新自由主义政策，甚至成为道德松懈和组织性腐败的元凶。[①]

对于亚当·斯密来说，“国家富强”的意思是，生产充足的日用品并把生产的东西按照需求顺利地分享。为了本国的利益，不管是掠夺殖民地或者是用贸易手段，总之到手的金银越多就越富强。当时这种重商主义思维方式占据了统治地位，这是一种崭新的、更健全的转折性思维。亚当·斯密曾经访问了一家规模不大的扣针厂，他们把加工过程拆分成若干简单的工序，多人反复、简单的动作，大大地提高了生产效率。亚当·斯密对此大受启发，他从《国富论》第一卷第一章开始，就强调了可带来生产性革命的分工的重要性。而且，对于高效率生产出来的产品，他在努力寻求使其顺利流通的制度与法规，探索如何为其清除阻碍。但是从市场的需求与供给的规律来看，能满足需求者与供给者双方共同需要的“市场经济”，是有效地分享日用品的好方法。把这个扩大到全社会的话，“需求者和供给者都会得到幸福”，带着这种愉悦的心情，他说了这样一句风趣的话。

---

① 不同地区的历史背景多种多样，所以对“自由主义”的表达混淆的概率很高。在欧洲，脱离了过去基督教的压迫性意识形态，强调追求思想自由的启蒙主义。而在美国，有关市场经济的运用，则是反对国家管制的保守派基督教徒们自称的自由主义情况较多。

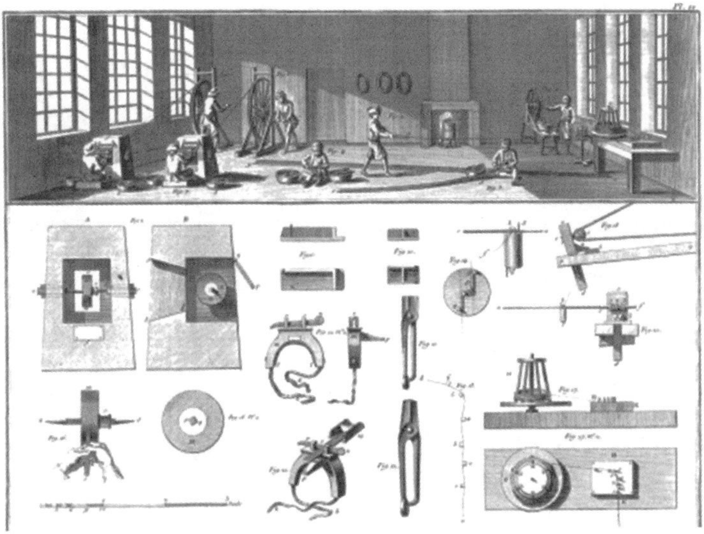

法国《百科全书》里收录的亚当·斯密访问的扣针厂的插画，1772 年

我们能够舒服地吃上晚饭，不是因为肉铺抑或酿酒厂、面包店主人的慈悲之心，乃是因为他们追求个人利益的结果。我们不需要求他们给予我们所需品只需要告诉他们，这是对他们有利可图的事情即可。[①]

绝非为了他人，只是为了自己的利益而努力做了某件事而已，却变成了为社会服务一样，居然仅仅通过市场买卖东西的过程就能达到供需平衡！亚当·斯密把这种神奇的作用，比喻成市场的“看不见的手”（invisible hand）的

① 亚当·斯密:《国富论》第一册，第二章，Kim Suhaeng 译，Bi Bong 出版社 2007 年版。

运作。追求“各自利益”的供应者和需求者双方，结果互相给对方创造了更大的利益，市场在其中帮助需求者和供给者能够顺利地交流，也就是整体商品的流通，依赖需求与供给的关系，这就叫作“市场经济”。有时把社会主义经济叫作“计划经济”，相对而言，资本主义经济为“市场经济”，其实这种区别并不具备现实意义。

重农主义（自然主义）[①]和重商主义

就像有句老话说的，“农者为天下之本”，朝鲜半岛的人们认为，务农是最重要的经济活动。拥有肥沃土地和温暖气候的法国人也是这样认为，只要努力种田就能过上富裕的生活。遵循自然规律，以出产丰富的农产品为自豪的法国人，也认定依靠大地出产的农产品是所有生产的基本。即他们相信，成为富翁的途径只有农业。相比之下，在绝对王政时期，欧洲君主们认为，要建设好自己的国家，首先要成为富裕的国家，因此需要减少进口、增加出口，以

① 在东亚翻译为“重农主义”的 physiocracy 的原意是“自然治理(Nature governs)”。不是东亚地区生活的基础“种地”，而是包括种地在内的在自然中产出果实。例如一粒种子长成一棵参天大树、结出数百个果实的方式，要比通过商业行为获得利润具有更卓越的意义。在东亚，将此与重商主义进行对比叫作“重农主义”，其实叫“自然主义”更为贴切。

此为代价，确保大量黄金不往外流失才是王道。通过和其他国家的交易赚取黄金，一旦到手的黄金无论如何都不能让它流失，这就需要制定相关政策来加以保护。欧洲君主们企图占领殖民地，以此获得更为廉价的原料；对国外进口的商品收取高昂的关税，以此提高本国商品的竞争力。包括这样的贸易保护在内，在商业方面想要获取利益的重商主义，使18世纪欧洲多个国家流行“国家致富政策”。但颇具讽刺性的是，这样做反而对经济活动形成了很大的阻碍。对所有的商品都征税，这对于占据税收的王者来说是好事；但对于需要交税的商人来说，无疑是重击，这让商人们再没了认真干活的欲望。亚当·斯密批判了这样的重商主义，说它是“缺乏远见的政策”。

重商主义主张，在贸易中能留下更多利益的国家才能更富有。重商主义认为加大出口、减少进口，才有利益。但是，如果想通过贸易赚得利益，就应该进口生产原料或机器。比如，提倡从爱尔兰进口织毛衣时需要的羊毛和纺织机就是对的。但是爱德华四世时期，制定了禁止从爱尔兰进口所有物品的法律。这个法律很长时间有害于英国的经济活动。这样的制度与其说是鼓励本国制造业的发展，不如说妨碍邻国制造业的发展是其目的。外国商品与本国产品相竞争，但是限制其进口的话，对国内生产商可能有利，但对消费者来说却有相应的损害。[1]

亚当·斯密为了经济发展，比重商主义更推崇重农主义（自然主义）。尤其当时特别流行卢梭（Jean-Jacques Rousseau，1712—1778）的“回到自然”的主张，法国人认为经济活动也需要跟随自然法则，比起人为的干涉、改变，更适合让它放任自流，顺其自然。

商业活动也是一样。所有主张“顺其自然”的人，站在他们的立场，不得不批判重商主义，因为重商主义为了增加王室的收入，干涉制裁所有商业活动。如果增加税收，就会造成国家间商品交易的萎缩，会导致生产量的减少，结果商品的价格也会升高，这就会对消费者造成相应的损失。拥护重农主义（自然主义）的人，则主张废除这些制度，因为这些制度不过是因为王者的贪婪而引进的制度。只有彻底废除这些制度，国家经济才能发展，国家财产才会增多。

“看不见的手”

“看不见的”这一形容词曾是一个流行词。在成为产业

---

① 亚当·斯密:《国富论》第四册，第八章，Kim Suhaeng 译，Bi Bong 出版社 2007 年版。

革命物质基础的蒸汽机发明之前，波义耳定律对此进行了理论性的说明。“在一定的温度下，气体的体积和压力成反比例”这一定律至今还出现在全世界的中学课本里。罗伯特·波义耳（Robert Boyle，1627—1691）自从读了伽利略的书，就对自然科学产生了兴趣。罗伯特·波义耳是比亚当·斯密早100年的人，他把自己的社团称为“看不见的大学”（invisible College）。20多年在一起活动的社团朋友在波义耳定律公布的1662年成立了“皇家学会”。17世纪英国是近代科学革命的中心，皇家学会是最高贵的摇篮。亚当·斯密是启蒙主义时代“皇家学会”的一员。当时高喊“知道就是力量”的口号，举着新科学旗帜的皇家学会强调的原则是“整理核心”。即使是有伟大成就的科学家说的理论，如果没有实验证明，不能概括出其理论核心，那么就不能称为有科学性和真理性的理论。把核心内容简要概括出来也是很重要的。在这里，把亚当·斯密的思想概括成一句话就是“看不见的手”。但这个比喻其实是压缩地表达了现今自由放任主义的市场经济，在五本厚厚的《国富论》中，它只出现了一次。

> 如果所有个体在国内产业活动中最大限度地投入了自己的资本的话，在产业链中就会自动创造出最高价值。这也是每个人通过付出最大的努力将国家的经济提高到最高水准的方法，但每个个体都不会认为自

己为社会贡献了什么，也不知道自己贡献了多少。在个人的立场上，没选择外国企业，却进入国内企业，其实只是选择了对自己来说更为稳妥的路而已。即便自己的付出为企业创造了最高价值，但只是做了对自己有利的事情而已。其他情况也一样，个人被“看不见的手”所牵引，只是在努力完成某一个没有刻意意图的目标。即使没有打算做这些，结果却为整个社会做了有益的事情。从个人的角度来看，只是追求了自己的利益，但无意中却为社会做了重要的贡献。①

如上所述，靠人的意志能成就的事情很少，但亚当·斯密说“等于个人被看不见的手牵引，认真去成就那没有企图的目标”。今天，变成亚当·斯密代名词的“看不见的手”这个比喻，其实早在之前 1750 年出版的《天文学的历史》（The History of Astronomy）中已被使用过了，书中说的是“丘比特的看不见的手”。在罗马神话中，丘比特等于希腊神话中统治天庭、主管自然造化的宙斯。从东亚的观点来看，亚当·斯密的“看不见的手”主张人的意志不能掌管一切，应该放任自流，使其顺其自然、自成章法，这与老庄思想的无为自然的说法不谋而合。

---

① 亚当·斯密：《国富论》第四册，第二章，Kim Suhaeng 译，Bi Bong 出版社 2007 年版。

《国富论》中只有一次随意使用的“看不见的手”这一比喻，被断章取义地误用和滥用，导致现今人们误以为这是新古典派经济学（neo-classical economics）的主调。谦谦君子亚当·斯密，原本期待人们聚在一起时能够各自分享剩余并接纳不足，期待人们在这一交流过程中能够获取幸福，却没料到，事与愿违，他的比喻被指认为资本主义弊病的源头。不管是积极的还是消极的，这一比喻都发挥出了无比巨大的影响力。

领先市场交易的道德情感

已说过多次，不知道从什么时候开始，人们发现被称作“经济学之父”的亚当·斯密原来是个哲学家。在亚

通过分工，扣针厂大幅度提高了生产能力，以此为背景，嵌入亚当·斯密肖像的 20 英镑纸币

当·斯密的代表作《道德情操论》中，他对我们的社会秩序、繁荣、正义的根本、人的基本情感进行了仔细的分析，而且，他以分析的内容作为研究的基础，最先分析了人的普遍情绪，即同感（sympathy）能力。

> 从人的本性来说，即使一个人再自私，即使这件事再怎么与自己毫不相关，人都会不自觉地去关心他人的幸福或不幸。不管是好事还是坏事，我们都会在情绪上产生波动。当我们目击到他人的不幸、悲伤、苦痛时，我们便能活生生地感觉到这一事实。我们的本性如此明确，以至于我们不需要另外再进行什么分析。这不只是高尚的人才能感受到的，即使是把违法犯罪当作家常便饭的强盗，也能感受到这样的情感。[①]

追究道德的“伦理”之前，亚当·斯密研究了关于道德的人的感性，强调了人对他人的幸与不幸都会有同感的事实。他以能交流情感的社会人为对象，以“共感的社会性存在的人”契入话题，其基底却是“公平的观察者”（impartial spectator）。这是神的公平之心的象征。也就是说，担任仲裁和管理的人是具有神所赋予的良心的人，且一定是重伦理的人。同时，这个研究也涉及了人的“利己

① 亚当·斯密：《道德情操论》，Park Seil 译，Bi Bong 出版社 2009 年版。

心”。利己心是指人们只顾自己的利益（self-interest），躲避有害的、只拾取对自己有利的心思意念，这是人类以及所有生命体的本性。若反之，会是违反生存的非常危险的事情。如此，亚当·斯密说的利己心，与只知道关心自己利益的自私（selfishness）有着很大的区别。

如果仔细观察，我们就会发现，与我们的晚餐有关联的商人们的行动，根本不是出于什么慈悲心，而是他们为了自身利益而采取的行动。这一主张略显古怪的原因是用了“利己心”，这种表达会产生误解。对于亚当·斯密来说，利己心不是只专注于利益，而是通过关心和追求利益，使整个社会激发出活力。它会激发出社会生命活动。孟子说性情是“看到有小孩往井边爬去的时候，谁都会有一颗跑去救这小孩的心”。“同感”的性情与主张“性善论”的孟子的“恻隐之心”有相同的脉络，即遇到可怜之人，人就会自然而然生出怜悯之心、仁慈之心。不期待有什么回报，而是向处于困境的人伸手相助，这样的心的存在，证明了“有辨别是非的本能或能力”，即道德感情的存在。

亚当·斯密所说的“同感能力”与20世纪90年代中期美国心理学家丹尼尔·戈尔曼（Daniel Goleman，1946—）的主张如出一辙。丹尼尔·戈尔曼认为，人的成功和幸福不是由智商指数IQ所决定的，而是由情感指数EQ来左右的。他以这一主张作为要点的《情绪智力》（Emotional Intelligence）一书成为最畅销的书，被多个领域所关注。戈尔曼强调，以近代理性为中心划分世界，强行组合的过程当中产生了众多的副作用，尤其是经济学方面，副作用太多。而“情感指数”是消除众多副作用的有效工具。自称亚当·斯密后学的经济学家们忽略了他的对“看不见的手”的人文学洞察，只发展了压缩成精巧的增长模型的经济理论。增长模型的任何一处都没有给亚当·斯密的“同感”或者“道德感情”以及作为监视和调节人的行为的“公平的观察者”留有一席之地。

作为现代科学产物的简洁的数学公式，即基于机械论理性主义的计量经济学，被认为是概括市场经济原理的十分精巧而强大的方法论。但是这些以理性为中心的理论，就是所谓以合理性为基础的经济理论，在面临现今的新自由主义时，在面临金融、财政危机时，竟显得如此束手无策、狼狈不堪，这一工具性理论暴露出的局限性也越来越明显了。不仅如此，政治和经济、社会和文化，处处都出现了因近代矛盾而酿成的新问题，这些看来都是时代面临的文明局限的征兆。克服近代思维方式和机械性思维模式的不足，补充要素，积极改变感性面貌，不知从何时起成为时代的要求。这同时也是一个机会，解除了历年来对于亚当·斯密的所有嫌疑，摘掉了扣在亚当·斯密头上的错误帽子，还了他清白。

需求和供给曲线

韩国人的餐桌上不能少的是泡菜，特别是准备越冬的泡菜。这一文化传承被联合国教科文组织认定为人类文化遗产。我们小时候，腌泡菜好比祭祀那么重要，为了这个重要活动甚至设有专门的市场。只要是收成正常，农夫和

首尔市龙山区的越冬泡菜市场，1977 年

主妇的负担都会比较小。需求和供给的均衡如果被干扰的，就会出现“白菜危机”或者“辣椒危机”等导致全国范围内的紧张局面。不过，即便这种紧张反复发生，市场依然是充满人情味的特别的地方。

市场经济的需求和供给如果正常运作，将价格和数量之间的关系及内容用图形表现出来就是“需求和供给曲线”，这是经济原理科目的核心内容。在数学中使用符号 X 和 Y，Y 是 X 的函数，Y=f（X），这显示出 X 的值如果改变，

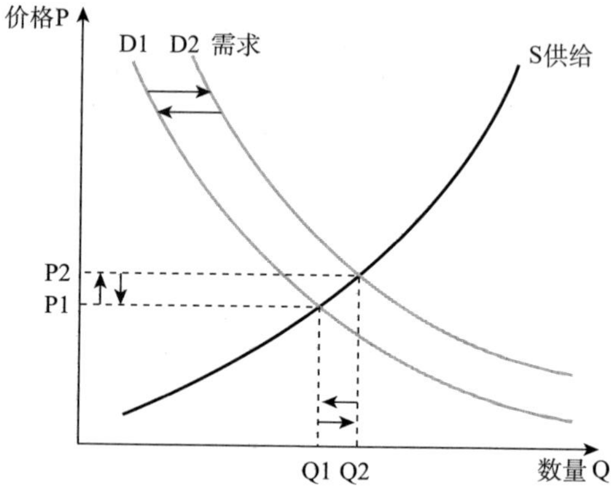

需求和供给曲线

Y 值将会如何变化。横轴表示自变数 X 的值，纵轴表示应变数 Y 的值。经济学中将价格（Price）和数量（Quantity）的首字母 P 和 Q 来代替 X 和 Y，即用 Q=f（P）的关系来说明价格和数量的关系。这里与数学相反，自变数 P 为了显示价格的变动用纵轴表示，应变数 Q 为了显示数量的

变化用横轴表示。这样的表示方式从阿尔弗雷德·马歇尔（Alfred Marshall，1842—1924）[①] 以后便成为经济学的惯例。在市场商品的价格有时上升，有时下降。比如最近房市不稳定，出现了出租房紧缺的现象。房主们虽然个个都想提高房租，可是租客已经到了无力承担的地步。但是如果房源增多，那么房租就不得不回落了。

图表所示 S 线是供给 (Supply) 曲线，D 线是需求（Demand）曲线，这是表示“需求—供给理论”最基础的图表。随着价格的变化，供给和需求当然也会有变化，价格增高，供给量也随之增加。因为能拿到更多的钱，所以出货量也随之增加。与此同时，价格的增高也会打击消费者的购买欲望，导致需求减少。不过价格下降需求会增加，犹豫买不买的人会倾向于购买。就像这样，买的人和卖的人立场不同，导致了供给曲线 S 向上、需求曲线 D 向下的倾向，两线相交的地方就会发生“成交”。但是上面的图表所示有 D1 和 D2 两条需求曲线。原来 D1 是需求曲线，但由于几个条件的改变，需求曲线 D1 全部转移到了 D2。即使价格升高，需求曲线也不下降，反而上升，这就表示经济繁荣；经济低迷时，状况相反，曲线会收缩到 D1。

像这样的需求—供给理论，是说明市场现象非常有用

① 以应用需要与供给曲线树立经济学科学基础的马歇尔，将所谓“边际效用的法则”确立为经济学的基本原理。即“对于吃饱的人和饥饿的人来说，面包的意义是不同的”。

的概念体系。经济学是把近代科学的特性完整地反映出来的结果，是树立“需求和供给同时决定商品的价格和交易量”之机械性原理的框架。在这基础上形成了更加复杂一些的经济理论。值得关注的是，这些函数关系将是运作的基本前提。

机械论理性主义（Mechanistic rationalism）

在市场“需求—供给理论”的前提中，第一个前提是“人是合理判断的理性存在”。根据价格的变化，人们始终做出如下反应：那就是通过计算，找出倾向于对自己有利的方向，继而采取合理的行动。即以理性的思维和判断为前提，以理性为基础，采取交易行为。第二个前提是，作为市场交易主体的需求者和供给者，共享所有与市场有关的信息。在这种前提下，人们的反应和判断、在市场的经济活动，都是由一定的运作规律来支配进行的，如果能判断出这一机械性的运动原理，就能预测和应对市场出现的种种变数。以这样的条件为前提来观测市场的观点，是基于典型的“机械论理性主义”。

机械论认为所有事态都具有特定的原因，如果解开这些原因就能推算出相关的结果。这一思维方式的本意是说，对某个事物的特定方向施加一定力量的话，就能预测出它

威廉・布莱克（William Blake，1757—1827）《机械论人》

的运动量和运动后的位置。牛顿（Isaac Newton，1642—1727）的“力的定律”就把力量的因果关系用简单的公式概括了出来，这就是跟随其法则的近代思维的典型。给台球桌上的一个红球和一个白球按特定的方向施加一定的力量，就能通过计算预测它将要到达的位置。但是世间大部分事情的原因和结果并没有那么明确，还不能通过这种简单的方式计算出未来事态的发展。而且，时不时出现的微小变数会作用于事情本身，基于因果关系的计算将更加不准确，要得出结果会变得更加困难与复杂。

理性主义（rationalism）指的是排除本能的冲动、感情的动摇、宗教信仰及超自然体验的影响，企图以明智、合理的思维方式认知和判断事物的态度和思维模式。经济学的“需求—供给理论”是在假设人遵循这个规律的前提下设立的，以这个为前提，才能开发出更多复杂无比的经济理论。但是人们在现实中并不会那么理性地思考，判断和行动都谈不上非常理性，虽然有时也会仔细地研究、理性地判断，但更多的情况下完全是情绪化的反应。心情有点不好就会冲动、心情好时就变得宽容、明知会吃亏也照做不误的，就是人。虽说人是唯一带有理性的生命体，但反过来说，人也是世界上能做出最不理性行为的危险的生命体。如果人是理性的存在的话，甚至股票价格都可以准确地预测出来。正是由于人是非常感性且非常复杂的存在，股价就会受到这些因素的影响。所以很多时候，哪怕是眼前的事情，人都难以预测。如果人真的能在所有的事情上都做出理性的判断的话，那么世界性的经济危机或外汇危机都能用经济理论来预防了。可惜事实并不如此。[①]

很多人认为市场是交易往来的空间，在市场交易都要依据需求和供给的法则。但是想看清市场，最重要的还是应当把人作为市场运营的主体，特别是对其社会性面貌综合起来进行观察。比如行动经济学报告中，我们可以看到，通过最后通牒博弈（Ultimatum game）或独裁者博弈（Dictator game）等，实证反驳“人是合理的存在”这一新古典学派的假设。人通过进化过程，不仅仅学会了“给予和回报（give and take）”的交易法则，更学会了通过“无私的给予（give and forget）”反而会使自己变得更有利的存在方法。在这里，不贪图眼前利益的“人的利他性”，虽然在短期内显得不合理，然而却给属于自己的社会共同体提供了可持续发展的长期合理性，从而成就了构成人本质的更为根本的原因。[②] 这种以进化论或生态论的观点审视市场的行动经济学，相当于重新发现了亚当·斯密在早期《道德情操论》中提出的“共感的个人”观点，也许这就是

① 应对世界金融危机，要树立各种与金融相关的法律和制度，并且要对金融机构施行改革——罗伯特·席勒（Robert J. Schiller）教授的这些理论性和政策性贡献，受到认可并获得 2013 年诺贝尔经济学奖。

② Choe Jeonggyu：《利他性人的出现——游戏理论解释人的本性进化的谜语》，根与叶出版社 2009 年版。

“看不见的手”中忽略掉的更重要的内容。从经济学家的立场来看，对于构成主义的理性主义、生态主义的理性主义、行动经济学以及游戏理论的综合考察感兴趣的读者，可推荐他们整理 2002 年诺贝尔经济学奖获奖者弗农·史密斯（Vemon L. Smith）的获奖演说论文。①

有机论生态主义 (Organistic ecologism)

相比前面已有的关于市场的观点，笔者把新近理解市场的方法叫作“有机论生态主义”。即把市场看作一个生态系统（eco-system）。继亚当·斯密的《国富论》之后，古典经济学派的发展是在“机械论理性主义”的思维方式和模式中进行的，为了与之做对比，于是起了个逆说性质的名字。

“机械论理性主义”中机械由配件组成，加动力的话，齿轮就开始启动并旋转。但是有机体（organism）即生命，是由非常复杂细致的化学物质组成的，且互相均衡、相互调节。如果说机械论的方式是把事物分析或者分解后，若有损坏的部分就将它拆除并换上新的配件，那么有机论的方式就是全盘掌握系统的相互关系，聚焦于一点，激发出

① Vernon L.Smith, Prize Lecture：Constructivist and Ecological Rationality in Economics, Nobelprize.org.Nobel Media Web.9 Nov 2014.

曾经存放石像的壁龛——夹缝（niche），约旦佩特拉遗址

事物各部分相互作用的活力。如果拿树林和树打比方，机械论就好像是树，而有机论则将视线定位于树林，从而可以纵观全局。至今，这一理论还没有得到普遍认可，但不知不觉中，这一观点或感性思维正在扩散，人们在新闻报道中经常接触到的词汇——“夹缝市场”，就是其具有代表性的旁证。

用我们的话说虽然叫作“夹缝”，但是在生态系统里指的是特定种群（species）居住的“固有的栖息地”。夹缝对应的英语是niche，这个词是由洞巢nest衍变而来的。欧洲建筑当中用于安置画像或雕塑的位置，如果用一个词语表示，那就是在我们传统中所说的“壁龛”。在露天安置铜像时，欧洲人通常会砌一个台子，台面上放置铜像；但是在室内，他们一般是通过挖墙来放置铜像。例如，彼得像的壁龛是彼得的位置，维纳斯像的壁龛是维纳斯的位置。

美国的约瑟夫·格林内尔（Joseph Grinnell，1877—1939）于1917年将建筑中的夹缝（niche）概念用于生态学中。他在追溯加利福尼亚灌木林中建立群落的画眉鸟的生态时，用到这一词语。相比之下，英国的查尔斯·埃尔顿（Charles Elton，1900—1991）探究了更多物种。他不但探究了它们多样的关系及其所形成的生态圈，也探究了特定物种在食物链整体中的位置。被称作“近代生态学之父”的乔治·哈金森（George Hutchinson，1903—1991），不仅将生态界的多种要素定位为食物链中的位置，而且把包括物理要素在内的光、温度、湿度等要素在复杂的关系网中的位置概念化。由特定的生物种群栖息的物理空间栖息地（habitats）概念出发，包括被食者和捕食者组成的食物链的相互依赖性、栖息环境以及与之相关的相互影响等，综合起来形成了更复合的概念。

生态系统的“食物链”仅仅是地球上出现的生命体相互依存、维持可持续发展的惊人的生活方式。虽然其中有“弱肉强食”的现象，但这并不是由万人组成的战争现场。有吃浮游生物的鱼，还有吃它们的鲨鱼、鲸鱼，即使像人这样强大有力的大型脊椎动物，最终也会把身体交给极微小的微生物，而这些微生物甚至用肉眼都看不到。构成生态系统一角的多种生物，会通过相互贡献、相互依存的方式维持生命。在纪录片中，人们可以看到爱斯基摩人先祷告“感谢你现在成为我们的一部分”，然后再将打猎捕获的驯鹿杀死的场面。近些年，这种场面几乎消失殆尽，然而对于生态系完整的理解是智人悠久的智慧，同时也是精神上的传统。

陆地的食物链

这种传统的现代传承就是生态视觉。这里的“食物链”不是弱肉强食和适者生存等冷酷的力量制胜原理，而是由所有成员一起组成的生态共同体的概念。观点和理解的方向不同，各个生命之间的关系也是错综复杂、交织在一起的。

维系我们生活需要的动物和植物的种类用箭头表示，也能够画出相当大规模的生态网。每顿饭我们所吃的各种动植物，农田、土地、山中生长的谷类和蔬菜，牛、猪、鸡，在海中生活的海产品……，特别是绿色植物吐出的氧气等，这一切环绕着我们、养活着我们。这个关系网的运转，从没有停顿。这个关系网不仅超乎想象的复杂和细腻，而且是动态的。这个网在地下更为复杂，包括用肉眼看不到的很多细菌，像蘑菇和苔藓的根一样密密麻麻的，“看不见的手”处处在照看和关心着生态界，并在各处维系着生命，操纵着生长和消灭。

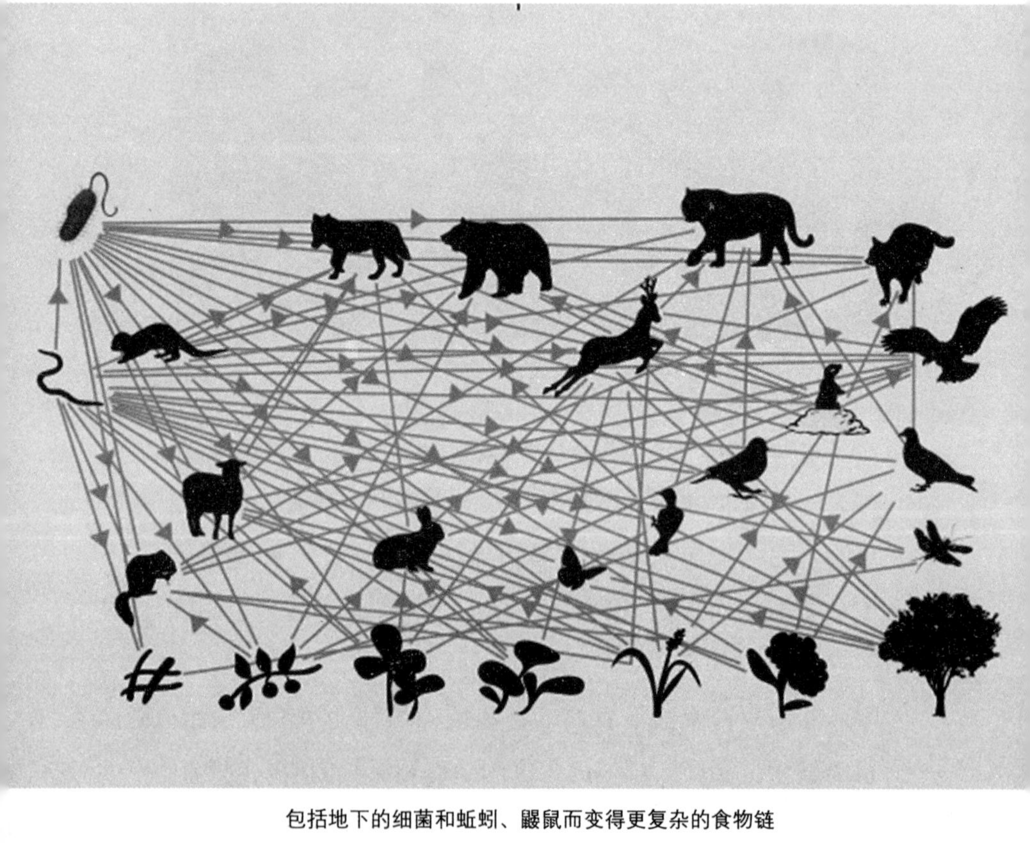

包括地下的细菌和蚯蚓、鼹鼠而变得更复杂的食物链

假设把这些应用于市场这一生态体系，那么不仅生产者和消费者，包括投资者和从事流通的很多有利害关系的当事人，他们之间的活动也会在错综复杂中呈现出相互支持的模样，并且不停地发挥出活力，不停歇地运作。

机械论理性主义看重短期效率及其价值。从机械论理性主义的观点来看，亚当·斯密“看不见的手”可以总结为由需求和供给这两个轴所形成的钳子模样。相比之下，从有机论生态理论的观点再来看的话，我们的思维方式和感觉会改变，可以完全颠覆“看不见的手”的概念。如前所述，比起概括成需求和供给的抽象的曲线，我相信治愈和照看之象征的千手观音的形象，更好地诠释了亚当·斯密当初主张的“看不见的手”的原意，更能发挥出健康积极的影响力。

进化的新观点——竞争与合作

我们常常说“市场是激烈的战场”，并用“适者生存”或者“弱肉强食”来描述市场里的激烈竞争。这里我们要记住，适者生存、弱肉强食或者“自然淘汰”这些说法，都来源于帝国主义充斥的 19 世纪托马斯·马尔萨斯（Thomas Malthus，1766—1834）的人口论，即粮食的生产跟不上人口的增加。这种不可靠的预测随之带来的是恐惧。

“恐惧”是妨碍人的理性、感性、灵性正常驱动的“情绪毒药”。正因为这样的恐惧，导致以后的100多年来，人们对查尔斯·达尔文（Charles Darwin，1809—1882）进化论的质疑，于是从人类的祖先是否是猴子——这种粗笨的争议开始，到展开适者生存的斗争性、排他性概念，最后形成普遍的具有攻击性和敌对性的行为方式，再后来演变出优生学（Eugenics），即“优秀基因研究”这种名称奇怪的所谓科学。自1930以来，这一“科学”被希特勒一伙用于证明雅利安种族的优秀性，希特勒强迫人们接受这一观念的正当性，强调只有雅利安种族值得继承和保留。固守一个诡异的观点，利用科学知识得出一个草率的结论，再利用科学知识为屠杀数百万人民的惊悚事件进行辩护。

不仅如此，把达尔文的适者生存[①]解释为强者生存，即有力量的才可以生存，把生存竞争现象应用到全体社会，接连出现可笑的举动。达尔文的适者生存不是指力量强或

① 达尔文原来使用的是“自然选择（natural selection）”这个用语。据说第一个使用“适者生存（survival of the fittest）”的人，是如今被称为进化（论）社会学者或被分类为社会进化论者的赫伯特·斯宾塞（Herbert A. Spencer 1820—1903）。斯宾塞读了达尔文的《物种起源》（On the Origin of Species）（1859）后，从“自然选择”的概念获得灵感，并在《生物学的原理》（Principles of Biology）（1864—1867）里第一次使用并说明了“适者生存”这一用语。但是随着达尔文的名声越来越大，甚至没读过《物种起源》的人引用斯宾塞这个用语时，都说是引用了达尔文的主张。后来达尔文在1869年出版《物种起源》第5版时，接受了“适者生存”这一用语，并与“自然选择”的概念一起写入书中。

最聪明的人才能生存，而是指他们最能适应环境的变化。但是对于对生存的不安或恐惧使其变形为所谓的社会达尔文主义（social darwinism）形态，产生了错误的主张，认为人类从出生开始就需要通过激烈竞争的训练，才能生存发展下去。比如，只有促进高考和就业竞争才能使社会发展，这一危险主张对社会产生了副作用。有必要聆听一下女权主义科学家们的主张："物理力量和竞争，以征服和支配为主的优胜劣败的进化论，是产业革命，同时也是帝国主义把侵占殖民地正当化；在发展机械论思维方式的同时，也是主导和传播这些白人男性的阴谋。"[①]

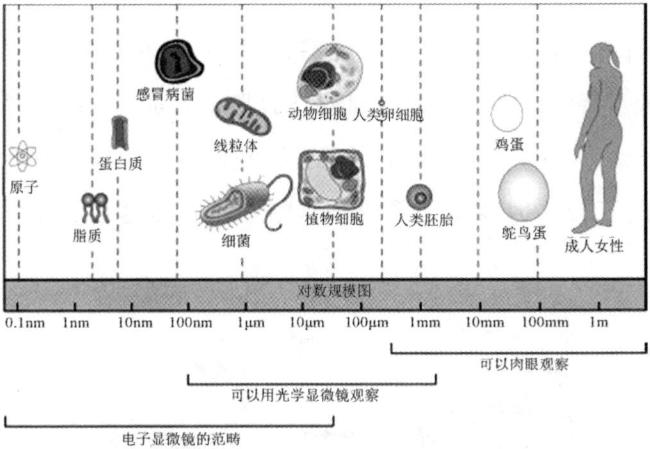

从组成细胞的原子和分子到人类的生物大小对比图

① Carolyn Merchant. The Death of Nature: Women, Ecology, and the Scientific Revolution, Harper One, 1990.（卡罗琳·麦茜特：《自然的死亡：女性与生态学、科学革命》，Mito2005 年版）

以细胞内共生理论来对进化论的结构进行大改变的是林恩·马古利斯（Lynn Margulis，1938—2011）。他说："地球上的生命现象处处都存在共生的原理而不是征服，通过共生完成了惊人的飞跃。"如果与作为生命基本单位的细胞这一单细胞生物进行比较，动物或者植物的细胞规模会变大数十倍，体积也几何倍数地增加到不可比较的程度。这些复杂和精巧的内部结构，包括人类、植物和动物的细胞构造如下图所示，有着能量发电站作用的线粒体，它们会在细胞生态系统内部吸取养分、释放能量。线粒体释放的能量是各个细胞和我们身体活动所需要的生命的力量。与其相比，无比巨大的地球生态界中，绿色植物通过光合作用吐出氧气，包括人类，通过氧气生存的所有生物依赖于此生活。它们的排泄物能使土地肥沃，成为绿色植物的养分。你的废弃物成为我的养分，我的废弃物又能成为他者的养分，地球生态系统全盘的效率就像这样，毫无漏

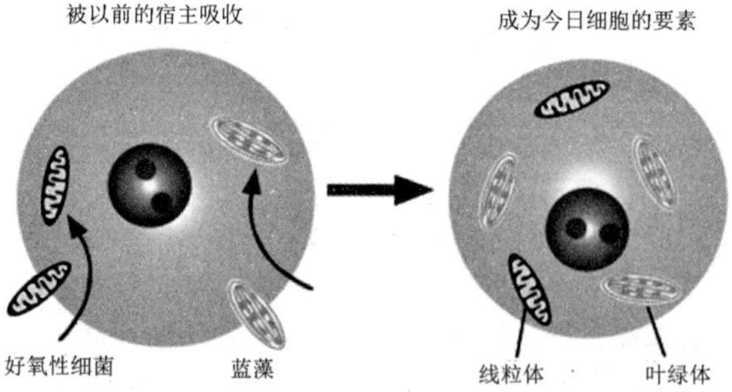

洞、没有垃圾，走向循环利用的道路，通过智慧的方法实现共生。

马古利斯的细胞内共生理论（endosymbiosis）指出，线粒体和叶绿体——这些单细胞生命体，成为今日细胞的重要器官；好氧性细菌和蓝藻，经过数亿年的进化，演变成活在它细胞的线粒体和叶绿体。

一个令人非常惊讶的事实是，细胞活动所需的能量生成器官线粒体，很久以前是独立生存的一种细菌，被成为其宿主的其他细菌吃掉后，进入其体中生存并进行复制，不断繁殖后代，以此来完成进化。通过光合作用把太阳能和大气中的二氧化碳合成养分的植物的叶绿体，也属于经历了相同的进化过程的细胞内小器官（organelle）。马古利斯说明它们是在细胞中使用各自的DNA进行自我复制的独自的生命体，在进化过程中，进入细胞内一起生活的同时，于技能和规模上都完成了惊人的生命飞跃。

马古利斯摆脱了用三叶虫或者恐龙化石解说数百万年或数千万年之间进行的进化，她通过观察细胞的多种样式和内部结构，揭示了历经数十亿年间漫长而又复杂的大幅进化画卷。虽然最初这被人嘲讽是毫无根据的故事，但是随着证据的慢慢积累，如今细胞内共生（endosymbiosis）被视为进化的核心。对此马古利斯表示，“男人们使用物理学的力量法则理解和说明了进化，我却关注了生命体内部发生的生化协调和微妙的变化”。[1]她的意思就是说，她没有通过骨头的残骸，而是通过正在进行时的生命的现场，即关注细胞内发生的事件，解开了通过共生飞跃进化的秘密。

蝴蝶为花的繁殖提供帮助，植物为蝴蝶提供蜂蜜和花粉，这种关系，和我们内脏中微生物的活动一样，都很好地体现出共生的智慧。非洲刺槐的故事也非常有趣。大象喜欢吃刺槐的叶子，导致非洲刺槐几乎绝种。不知是什么原因，加纳北部高原地区却发现了茂密的刺槐林。它是名为合欢荆棘树（Drepanolobium）的刺槐变异品种，举腹蚁（Crematogaster）把树梢的凹槽处作为栖息地，吸取树液维持生活。如果大象为了吃树叶而伸出鼻子，这些不到5毫克的蚂蚁会争先恐后地跑进大象鼻子里。比蚂蚁重10亿倍不止的大象种群或许吃过苦头，对这片树林敬而远之。非洲的蚂蚁和刺槐以相互帮助的方式共同进化，通过可持续繁殖维持全体生态系统的平衡。[2]

---

① 林恩·马古利斯：《生命是什么》，Hwang hyeonsuk 译，Ji Ho 1999年版；林恩·马古利斯：《Symbiotic planet：a new look at evolution》，Lee Haneum 译，sciencebooks 2007年版。

② T. Michael Anderson. Community Ecology: top-down Turned Upside-Down, Goheen, Jacob R. Palmer, Todd M. Defensive plant-ants stabilizemegaherbivore-driven landscape change in an African savanna. CurrentBiology Vol. 20, No 19. 2010.

多样性的理由

偏执狂独裁者——希特勒在掌权仅仅 3 年间就造出了 600 万个就业岗位，1936 年做到了全体就业，特别是德国南部“黑森林”（Schwarzwald）植树项目被视为成功案例。他们的方案是把“没用的”树都拔出，选取收益性最高的

非洲刺槐与举腹蚁

树种、设定最佳的距离、整齐划一地种树。动员失业者精选成长速度最快、收益最高的树木来建造最好的树林，结果所有树木变得一样优秀甚至优秀到极致。但是树木茂密到连光都透不进来，一种连“没有用”的树都能抵挡的传染病却使整个树林全部枯死。曾经被称为“黑森林”的历史悠久的森林被破坏得无比惨淡和凄凉，这是急功近利的人们用短视眼光衡量价值，是胜者为王的想法导致的恶果。

据传，猫科动物中跑得最快的猎豹濒临灭绝，原因是其基因的多样性达到了临界点以下，所以现存的猎豹丧失了通过交配可持续进化的遗传多样性。有专家预测，猎豹这一物种（species）将要在这个世界上消失。漫长的进化叙事诗中，马古利斯指出，最革命性的事件是“性 (sex) 的出现”。在超过 10 亿年的时间里，地球上的生命以无性（asexual）繁殖方式延续了后代，只是偶尔通过“突然变异”的失误添加了一些多样性而已，母代和后代的基因世世代代没有发生多少改变。但是 20 亿年前，“性”这一极度莽撞、危险的突然变异出现以后，后代的模样发生了急剧改变，物种的多样性也爆发性地增加了。哪怕是一个妈妈肚子里出来的同父同母的孩子，长相相差也很大。从这一事实就能够知道，“性的活跃”对多样性的扩散影响有多大。

进化生物学家史蒂芬·杰伊·古尔德（Stephen Jay Gould，1941—2002）强调，“进化不是进步，而是多样性的增加”。[①] 她进一步说明，如果将“适者生存”理解为“强者生存”，那么进化最快的物种将是细菌。这个说明足以让人头脑清醒。比地球上任何物种的数量都多得多的细菌，在更广泛的场所进行着更多样性的物质代谢，而且它比所有物种合起来要重很多。自然生态的核心不是个体的强大，而是“多样性”。也许纳粹时代的希特勒周边的追随者们都不懂得生态系统的基本原理吧，他们对多样性原理一无所知。

与之相反，司马迁《史记》的附录里，整理了王朝财政明细《食货志》，其中记载着距今3000年前的周朝的耕种政策。他们那时已经正确地认知了多样性的力量。周朝的制度规定，种植谷物时必须选择多种粮食，即把五谷混在一起进行种植。[②] 这是对付灾害的策略。他们没有选种最好吃的、产量最高的谷物。比如，他们不是统一种植一种稻谷即单一化种植，相反，他们通过多样性种植来预防因环境变化而发生的庄稼全部死亡的风险。

这与对市场的新理解也有关联。最近从企业的策划开始，就注重强调“差别化”，想在市场的生态系统里找出以前没有的位置。亚当·斯密的存在，使哲学与政治学之间发生了新的夹缝，并出现了经济学。在此过程中，哲学与

---

① Stephen Jay Gould,《Full House》, Lee Myunghee 译, sciencebooks, 2002。

② http://ctext.org/han-shu/shi-huo-zhi/zh.

经济学没有失去什么，反而通过这样的交流提高了相互理解，更加丰富了各自的内容。即这不是挤兑对方、抢占对方的物理空间，更多的情况下，是通过开阔的视野找到另一个层面的夹缝。

从有机论生态主义观点来看，“激烈竞争中，胜者为王”，就像我们看到的黑色森林的悲剧一样，丧失多样性，最终会走向共同灭亡的道路。当今时代流行的“无限竞争”和“胜者为王”的观念，是多者争夺一个东西直到最后的格局，在自然生态系里是不会发生也不能存在的现象。因为生命从本质上会采取世世代代适应环境后互相改变的策略，并使自己在差别化后找出新的夹缝。各自的夹缝与其他更多的夹缝可交流得越多，越会形成更复杂、更坚固的系统，越是如此就越健康。所以有机论生态主义的观点中，“无限竞争”和“适者生存”再也不是排他性或者包含矛盾的概念，而是意味着多样个体的共存和共生。

共有地悲剧

亚当·斯密所表述的所谓完全信赖“看不见的手”的“市场经济”观点，是指经济主体根据市场价格合理调节消费和生产的过程，其中的经济问题也会自行得到解决。但是被生存忧虑笼罩的人比比皆是，今天的市场里，让所有问题都自行解决的话，市场经济将无法持续。这种现象是与亚当·斯密所说的顺利运作的市场经济脉络背道而驰的。跟如今我们眼前所发生的一样，盲目地开发会带来环境被破坏，激烈的竞争会带来人与人之间的疏远以及两极分化等副作用，不久后竞争的双方容易走上同归于尽的道路。一起回顾一下被称为“共有地悲剧”的相关极端案例吧。

共有地悲剧的本意是指诸如地下资源、草原、空气、海产资源等一切需要分享的生态资源，因人类肆意挥霍

因无人管理而导致荒废的共有地现实——共有地悲剧

而陷入濒临灭绝的危险。生物学家加勒特·哈丁（Garrett Hardin，1915—2003）利用数学的方式解析其理由，并在1968年以《共有地悲剧》（The Tragedy of the Commons）为名，在《科学》（Science）刊物上刊登。

某个村庄有能养100头牛的共有地，各农户会想方设法在这片共有地上多养牛。但是如果这片土地上饲养超过100头的牛，那么土地将再也长不出草而变得荒芜。所以村庄的农户需要把牛的数量控制在100头以内进行喂养。各农户比较在共有地上养自己的牛的利益和费用之后，觉得要想有利可图，只有多养牛才是合算的。如果成本大于利益，农户就不会继续放牧。农户的收益来自卖牛的钱，假设其收入为100万韩元，如果村里农户养牛的成本费用高于100万韩元，各农户说啥也不会继续在共有地放牛。但是由于增加放牧所得的利润可以由农户自己拿走，成本、费用却由所有农户一起承担，那么自己负担的费用就不大了。每个农户的利益都大于负担的成本、费用，所以所有的农户都想在共有草地上放牛。如果这种情况继续，那么最终谁都不能继续在共有地上放牛，因为土地会变成沙漠，将会出现只为了追求个人利益而消减大家利益的现象。[1]

哈丁说，是个人主义的私欲最终将会使全部的共同体面临崩溃。“畜牧地或小河边的动物或植物，大地的空气或地下资源等本是当地居民一起使用的资源。但是如果委托给以利益为中心的市场的话，人们将滥用资源，这必然导致资源枯竭的危险”。另一方面，人口增加会带来资源紧缺，哈丁批判福利国家不限制子女数。这是因为福利国家孩子的养育由国家承担，没有对家庭造成负担，但这样做会引起人口剧增，造成资源紧缺。哈丁又主张，真正的自由是给人们划分责任范围后，在这范围内给人们以自由。这是为了防范道德松懈（moral hazard）的。国家的限制和福利国家模式相比，他更喜欢美国式自由。美国允许在国家法律控制下的私有化、民营化。哈丁提醒众人，若不断地追求自己的利益和权力的最大化，终将会导致包括自己在内的共同体全体受害，导致共有地悲剧的发生，这与亚当·斯密所期待的“两全其美的结果”完全背道而驰。如何理解这样的问题，又怎么解决？我们生活的世界难道一直是这样的吗？人口增长的地方难道都伴随着共有地的悲剧吗？政府的直接管理或没有任何监管并放任市场，只能二者择其一吗？难道没有别的方法吗？

---

① Science 13, Vol.162, 1968.

市场和政府的两分法

提起具有代表性的经济政策时，会提及自由市场或政府干涉这两条路线。虽说需要克服两分法的思考方式，但是对各自的内容差异和特征还需要对比一下。我们首先对比一下两条路线的代表人物约翰·梅纳德·凯恩斯（John Maynard Keynes，1883—1946）和弗里德里希·奥古斯特·哈耶克（Friedrich August Hayek，1899—1992）。他俩的立场刚好对立。经过 100 多年的岁月，他们逐步成为经济学两大泰斗，不仅在经济，在政治路线上亦是如此。

凯恩斯的传说起源于美国大危机。1920 年一直上升的美国经济伴随着持续的股票牛市，貌似会永远维持繁荣。甚至在商品销量下降的情况下，股市依然上升。经济学家们相信，不久后亚当·斯密的“看不见的手”和“自动调节的市场经济”会启动。但结局并非如此。

1929 年 10 月 24 日股票市场出现甩卖，称为“黑色星期四”的纽约股市大暴跌，引起了全球范围的股市暴跌和市场崩溃。减少生产导致雇佣也随之减少。由于银行发生大规模提现事件，联邦储蓄银行企图通过通货紧缩来进行调节。但是这给企业的生产活动带来萎缩，使企业更加不安，加重了恐慌。余波继续向全球蔓延，走膨胀之路的资本主义不得不经历经济基础崩溃的世界性的动荡。[①] 1936 年凯恩斯推出了解决这种恶性循环方案的五本书。其中《就业、利息和货币通论》(The General Theory & Employment, Interest and Money) 提出的理论是，如果通过完全雇佣、提高购买力的话，不仅能搞活经济而且能摆脱恐慌。为此，需要政府扩大财政支出、增加就业岗位，不能采取自由放任主义，而是需要政府积极的补充措施（公共支出）。

---

① 第一次世界大战之后，起死回生的德国经济再次崩溃。1932 年，600 万德国失业者受到希特勒的蛊惑为纳粹党欢呼。英国和法国将其重担推给殖民地，其余则成为亚洲和中南美国家的负担，导致了一系列的政变和随之而来的军事独裁等混乱局面。日本也是在 629 个企业破产之后，使殖民地朝鲜变为他们的后方基地。此时他们的掠夺变得变本加厉，甚至连厨房的锅和盆都给扒走。

美国总统西奥多·罗斯福（Theodore Franklin Roosevelt，1882—1945）实施了凯恩斯主张的政府介入理论，树立了新政(New Deal)。为了对失业者和挨饿的人施行福利政策，策划堤坝和高速公路等基建项目，增加就业岗位，实施“史无前例的强大的限制方案”。结果不仅使美国经济复苏，以后的 40 年间，美国经济迎来了空前的繁荣，凯恩斯路线也成为很多福利国家经济政策的基本路线。

哪怕是同样的案例，观点不同，看到的内容及解释也不同。如今被称作“新古典自由主义（Neoliberalism）之父”的哈耶克，在 1944 年写的《通往奴役之路》（The Road to Serfdom）中，警告凯恩斯式经济政策里潜伏着通过社会主义走向法西斯主义的全体主义危险。1970 年两次石油波动后，经济停滞、物价暴涨，带来了世界性的经济危机。哈耶克强烈地批判道，市场具有自愈能力，但是阻止自愈的便是福利政策。

他主张政府介入会使经济效率性和平衡性恶化，他的主张成为 1979 年英国首相玛格丽特·撒切尔（Margaret Thatcher，1925—2013）的路线。两年后的 1981 年，成为美国总统的罗纳德·里根（Ronald Reagan，1911—2004），也跟从了同样的路线，而且进一步缩减了政府的作用和规模。米尔顿·弗里德曼（Milton Friedman，1912—2006）主张，为了经济的复苏，所有限制经济活动的政策都要取缔。里根按照弗里德曼的主张进行了国营企业民营化、开放劳动市场、缩减公共福利等措施，开启了宣扬所谓的自由主义的里根经济政策（Reaganomics）时代。

引进 WTO 机制和扩张 FTA 来打破贸易壁垒，使不同政治和经济背景地区的物资交流爆炸性地增加，世界经济貌似一片繁荣。与此同时，世界范围内的两极分化加深、失业和不景气、环境破坏甚至道德意识的弱化以及人性堕落等现象，开始像多米诺效应一般接连不断出现。特别是进入 21 世纪以后，随着金融危机、财政危机和全世界的经济停滞等接连发生，新自由主义几乎成为过街老鼠、人人喊打，如今急需替代方案。

克服共有地悲剧

在印第安纳大学任职的埃莉诺·奥斯特罗姆（Elinor Ostrom，1933—2012）于 2012 年去世。2009 年她获得诺贝尔奖学金。她是目前唯一的一位女性诺贝尔经济奖获得者。她在世界各处寻找到了具有说服力的案例，那就是：即使没有政府管制或财产私有化，也能通过当地居民的共同努力来管理诸如树林、河流、大海等公共资源并使其可持续发展的案例。1990 年出版的《公共事物的治理之道》（Governing the Commons）中，记录了许多共同体的成功案例以及其为何成功的理论分析。1968 年通过哈丁的

埃莉诺·奥斯特罗姆（Elinor Ostrom，1933—2012）

研究推论的《共有地悲剧》（The Tragedy of the Commons），被认为是共同体不可避免的现实，当时的人们甚至放弃了寻找解决问题的方案。然而奥斯特罗姆却明确地提出与此截然相反的意见。她的意见同时也是对人类的基本理解发生巨大变化的线索。她确认了共同体成员在特定条件下并不会做出蠢事或走向悲剧。

在瑞士和日本的一些村庄，高山地带的牧场和森林属于村庄共同所有，村庄成员对其共同管理的传统已经延续了数百年，现今也仍在持续。西班牙的瓦伦西亚和穆尔西亚以及阿里坎特等地中海沿岸的村庄，降水量非常少，中世纪伊斯兰王国时期安装的灌溉设施直到今天还在顺利地使用，这些村庄也属共同管理。菲律宾西北地区的农民公共承担水和土地的管理。很多国家或民族的传统中，居民通过互相帮助，智慧地分享土地和水等资源来防止共有地悲剧的发生。这里探明的共同体成员的“自发性”和“坚守原则”两个原理，正是让这些村庄共同体得以健康生存数百年的原因。作为政治学家，她在经济学方面的研究是动摇整个经济学普遍认知的一件事情。她找到了脱离“不是政府就是市场”这种二分法的悖论智慧，她确认这种智慧的确存在后，就将此公布于世。

> 制度不像“市场”或“国家”这种公式上的二分法这样简单，基本没有完全的私有或者完全的公有。很多成功的共有资源制度其实是复杂的混合物，是看似私有制和看似公有制的制度混合，所以不能用死板的二分法一刀切或者生搬硬套。任何市场离开公共的制度就无法存在。现实生活中公共制度和私有制度并不是在独立的世界里存在，而是互相缠绕、互相依赖地存在。[①]

因奥斯特罗姆的介绍，阿尔卑斯村庄特伯尔（Torbel）闻名于世。这个村庄奉行一个规矩：“夏季在草场放牧的牛数不许超过冬天自家能喂养的数量。”这一规矩已实行了500年。如果有人企图占用过多的资源，就会受到严厉的惩罚，而且要一直被严格地惩罚下去，因为设立规矩并共同遵守是共同体可持续发展的基础。

---

① 埃莉诺·奥斯特罗姆（Elinor Ostrom）：《公共事物的治理之道》（Governing the Commons），Yoon Honggeun 译，Random House 2010年版。

克服共有地悲剧——特伯尔村庄

朝鲜时代有通过换工、乡约、互助会等手段发挥村庄自治的传统，立下合理的规章、共同运营村庄生活的案例也颇多。比如朝鲜早期《赏春曲》的作者丁克仁（1401—1481）。

梦想着实现儒家理想的以贵族为中心的共同体，曾分门别类地制定过相互扶持原则的乡约。朝鲜最著名的儒家学者退溪（1501—1570）和栗谷（1536—1584）也支持普及儒学思想、互相扶持、实现村庄团结的自治规章——大同契的推广。有村庄的活动或者谁家有难处时，根据家庭条件凑份子互相帮助，必要时也为村庄建立学校。现在也能找到 17 世纪以后普通百姓为了确保村民团结而一同努力的记录。其中关于森林的冲突尤其多，对村子里因村民搬家而无人再享有权利的森林，也新立了排他性使用及占有权的规定。奎章阁的《禁松契座目》这一资料中，也可以查阅到对现今的京畿道平泽市佳才洞的管理记录，诸如成员的身份、作用以及每家每户交出的金额的详细记录。资料中可以看出对松树林的管理，中央政府与村庄的利益有冲突。[①]这是因为中央政府的管控太严格，规定任何人不许动用最有用的松树。丁若镛（1762—1836）在康津郡流放18年，这期间的代表作《牧民心书》中，也有由于国政混乱而产生“共有地悲剧”的相关论述。

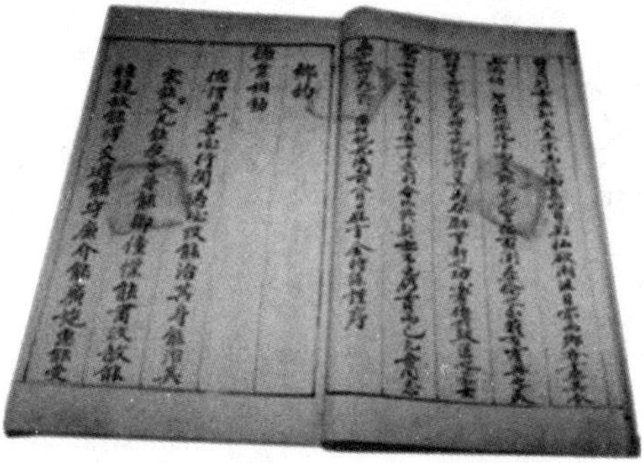

朝鲜时代乡村社会的自治规章《乡约》

韩国的林业政策里只有禁止采伐松树的条例，不追究对于桧树、枫树、红松、香榧的砍伐。对松树的法规过于严格，而且条款繁多，没有为百姓留下丝毫的养殖或送葬等日常用途的余地。其管理之势犹如洪

① Han Mira：《朝鲜后期可坐洞禁松契的运营和作用》，《历史民俗学35》，2011年。

水决堤，时而下空口禁令，时而立法治罪，然而森林越来越荒芜，木材越来越紧缺，上不能对国家财政做贡献，下不能满足百姓需求。[①]

从这里可以看出，共有地悲剧的问题没有得到解决。《正祖实录》1798 年 10 月 13 日有这样的记录："不论是公家的山还是个人的山均光秃秃的，实在是令人担忧。"正祖去世后，在黑山岛过着流放生活的茶山的哥哥丁若铨（1758—1816）在《松政私议》中写道："没等两尺高就被砍柴的人用镰刀割下，必然导致木材紧缺。"他提出"应限制地方官员禁止伐松的相关权限，鼓励种植松树"的对策。但是这种程度的笼统对策并不能达到预期效果。直到最近，还时常能听到要恢复互助组的传统。但是以前的传统实际上没法完全复原，事实上这么做也解决不了根本问题。要找到符合这个时代的对策，在这样的脉络下，奥斯特罗姆的分析结果和她所述的方法就有了特别的意义。

社会资本的共有条件

奥斯特罗姆不仅展示了美好前景，同时也列举了反面

① 丁若镛:《牧民心书》, Sol 1998 年版。

事例，对其细节进行比较后，她提出了成功管理共有资源的具体要领。她提出，首先要确切地定义“我们”究竟是谁。她强调，只要明确这一点，人们就会遵守秩序并达成相互帮助的关系。共同体成员必须约束个别活动，选择互相协调的战略，并强调“人是一起工作的，这就是社会资本”。从她的主张和成功的管理要领来看，像朝鲜时代在植根于身份制度的思维制约下，不可能产生自发性和凝聚力，本书后面将提及的人类“平等性存在论”才是可以提前预防共有地悲剧的首要前提。身份制或者由高高在上的领导支配的社会中，这种认知不仅困难，也会使成员更为不幸。这点在美丽的济州岛的成功案例中表现得更为鲜明。

在济州岛沿岸地区，海也是重要的共有地。有这么一条不成文的规定说，“我们的海”里的资源属于村里的女性。1962 年渔村契设立之前，海资源是属于潜水女共同拥有的资源。按照她们现今的收入置办潜水装备不成问题，但是她们还是遵守前辈们的传统，穿着简朴的海女服入水，而且她们不会争相采集更多的海鲜。因为潜水采集需要对海底生态的整体知识，独自行动随时可能发生个人无法承担的危险。

深知这一事实的海女们遵循前辈的传统，凡事共同应对。例如，制定海女日历，在海螺产卵期禁止捕捞、防止海螺绝种，共同引进抵制乱捕乱捞海洋资源

潜水采集的济州海女们

的装备等。海女捕捞时自然会竞争，根据实力的不同采集量也不同，但是大家都心甘情愿地接受个人能力有差异的事实，珍惜和保护“我们的海”的可持续发展。她们仍然坚守着多数人共享的传统方式，坚持这样的维持资源的惯例，[①] 不允许少数人独占共享资源。

从上述示例中，我们不难确认，只要坚守基于自发性的几项基本原则，即便没有政府介入，即便不是市场基础上的自由放任方式，共同体也可以维持数百年。这是非常重要的发现，对于我们的未来来说，也许没有比这个线索更能给人带来希望。共同体成员想要齐心协力一起维护共同体的利益，就需要每个成员不断自省并努力追求健康与幸福，即社会的每一个体需要具备共同认知并愿意共同运作且能时刻保持清醒，才可以实现这一目标。

250 年前，亚当·斯密在《道德情操论》中提出的“同感的个人”“社会性个人”，用现在的话来说是有意识、已觉醒的个人。现今社会越来越残忍、越来越恐怖的悲剧，不但在韩国甚至在全世界，几乎每天都有发生。威胁到我们基本常识和现实世界的理论，其威力似乎比以往更为强大，这些理论似乎比任何时候都能更强烈、更巧妙地撼动

① An Mijeong:《海岸村落女性的共同捕捞和对资源的权力》,《地方史和地方文化（10）》，2007 年。

整个世界。这些理论不仅威胁人类共同体，甚至还威胁整个地球生态系。我认为，这种情况反而使更多的人精神得到成长、灵性趋于成熟，从而为找寻符合觉醒时代的悖论智慧提供了更好的契机。通过这样的觉醒与成熟，我们可以从互相矛盾的、两者中只能选其一的二分法式思考方式中脱离出来——到底该选择市场经济的自由放任主义还是政府的制裁，我们再不用像以往那样纠结了。

共有经济和可持续性

共有地悲剧是，“别人拿走多少我就会失去多少”的不安和恐惧，只有展开“万人反对万人的斗争”才能活下去。这似乎是不可避免的宿命。生物学家哈丁通过研究，揭示了这一宿命的原理。奥斯特罗姆则出示了数百年间智慧地克服了这个难题的实例，并解说了相关的原则和方案。然而扩散到全世界的社会信息网络却把“拥有”这一传统性概念带到了完全不同的层面。“公有经济”是特定地区的居民数百年来生存发展的经营实例，杰里米·里夫金（Jeremy Rifkin，1945—）索性把“公有经济”当成人类即将迎来的替代文明的新名字。新经济对策的新名称将由“共享经济”（sharing economy）或者“协同经济”（collaborative economy）这样的词来替代。他主张，这个世界已经在向共有社会转换。经历世界性金融危机后的共享经济或者协同经济，作为克服资本主义局限性的新对策，备受瞩目。随着这一经济形式在年轻人的生活中逐渐扎根，在家里收听大学的课程、骑共享自行车、在联合办公空间（co-working space）上班、与新邻居一起分享美食经验的“共有族”也应运而生。歌手“鸟叔”通过 YouTube，几乎没有任何花费，就跟数十亿人共享了自己的歌。里夫金将此案例作为示例，[①]强调了“多制造一个物品所需要的附加生产费用”几乎为零，即几乎不需要边际成本的生活用品在增加。[②]

共享经济的传播主要得益于不受国境壁垒限制的互联网交流，然而今后市场发展的趋势将与之前截然不同。如前所述，市场经济自由放任主义与政府的管制，这两种立场，将由以往相互矛盾和相互对立的关系，转变为相互补助的悖论关系。时期已经成熟，有必要重新提起关于市场的新观点。市场经济自由放任主义与政府的管制，虽说这两者是对立的，但从另一方面看，它们也有共同点。比如，它们都植根于象征近代思维的机械论理性主义，它们都无法持续 40 年至 50 年以上，它们都会自动瓦解。

与之相比，从有机论生态主义的观点来了解市场的话，

---

① 《联合新闻》2014 年 10 月 15 日报道。

② Jeremy Rifkin：《边际成本为零的社会》，Ahn Jin Hwan 译，民音社 2014 年版。

则是另一番情景。如前所述“多样性理由”中提到的一样，激烈竞争的目标及适者生存的意义从有机论生态主义的观点来看，会与以前有所不同。在这里特别需要关注的一点是：生态系统的“健康”和“可持续性”。下面我们用源于生物学的系统理论[①]来重新整理一下。在初期的系统理论里，把生命作为超越机械性分析的对象，试图聚焦于要素之间的相关关系、结合环境的相互作用来分析整体的动作原理。但是笔者要把系统理论的对象扩大到整体生态系统而不是个别的生命体。笔者认为只有这样做才能确保市场生态系统效用的最大化。

以系统理论为基础的可持续性发展核心原理可以概括成以下两种：

> 第一，生态系统的所有要素都有适当的规模，如果其中有一部分过剩，则生态系统整体的平衡会动摇。若不能控制这些，就像无限增生的癌细胞那样，迟早会导致生态系统整体的毁灭。
>
> 第二，生态系统的力量是多样性的，种类越多，“可持续性发展”的概率也会增加。这其中的关系变得

---

① 澳大利亚的生物学者路德维希·冯·贝塔朗菲（Ludwig Von Bertalanffy，1901—1972）的《一般系统理论》（General Systems Theory）(1968) 出版以后，作为整体理解的方法论，不仅在生物学上，而且在社会学等多个领域，都以各自的方式进行了多样性的进化。

更加多样，资源更多地相互再利用，其生命的循环形式也会变得更多样、更活泼，最终形成更健康的生态系统。

基于这两个原理，我们便知“市场健康”这句话并不是说我们生活的富足不受商品交易量增加的影响和制约。从这个原理中，我们可以诊断出，现今韩国的市场生态系统，因为没有重视“控制在适当规模”这第一个原理，所以越来越失去活力。失去自我调节能力的癌细胞不断增生是当今威胁人类健康的最严重的问题。细胞的自我调节能力包括停止自己的生命活动以致引发自身生命机制死亡。例如，为了适应日益减少的光照，树本身会自动切断特定细胞的机能，使树叶先变成枫叶，接着让躯干的叶子掉落。因为不这样做，这棵树就无法过冬。如果接触放射性物质和化学药品，或出现感染以及基因异常变化等征兆的话，身体会自动触发预警机制，实行“细胞凋亡”（apoptosis）。[1] 如果这个过程不顺利的话，就会演变成无限增生的癌细胞。在生态论的观点上，无限生长和无限繁殖不是生命的特征，而是导致共同灭亡的反生命的危险信号。最近人们仍在进行一种癌症治疗研究，这项研究就是利用“细胞凋亡”机

① Apoptosis 是由希腊语中表示“掉落”意思的前置词 apo 和表示“下降”意思的 ptosis 结合在一起产生的词语。其原来的意思是像落叶一样“掉下来”，译成韩语就是“细胞自杀”。

制来治疗癌症，[1]即让癌细胞自动停止无限增殖。

1973 年德语版《森林经济》封面

现在韩国的市场生态系统没能调动潜在的多样性能量，这点严重违背了第二个观点——生命的原理。企业作为占领市场生态系特定栖息地的健康的生命体，要与其他生命体共生。比如要掌控重工业和尖端 IT 行业，包括衣食住行的所有项目，再加上掌控巨大的金融和流通，使之自动生成市场生态系统的话，这是忽视了多样性和共生这两项生态系统发展的基本原则，早晚会让“共生”生命体走上“共灭”的结局，那会令人非常无奈。

与此相比，上文曾提及的奥斯特罗姆整理的持续 500 年以上的共同体特征——她多次强调的自发性和坚守原则——与生态系统的特性非常吻合。物种的多样性和它们之间错综复杂的关系也是增加生态系统可持续性发展的主要特点。

① Nick Lane, Power, Sex, Suicide, 牛津大学出版社 2006 年版。

生态系统不仅包括植物和动物、大气和土壤，还有地下看不见的各种微生物。这一切成为“看不见的手”，他们之间发生着述说不清的相互关系。在市场生态系统中也有很多没有直接参与交易、没有发生利害关系的当事人，但他们之间也有着各种关系。复杂交织的生态系统即便发生任何新的问题都有多条解决途径，因此摆脱危机状况的方案也在急速增加。所谓建立关系，应该是指在我们现今社会中急需解决的课题——成功“沟通”。沟通的多种方式和途径及出乎意料的解决方法通过建立关系被发挥出来，这是在健康的生态系统中常见的特征。当市场体系不能顺利启动时，若依据上述两个原理来审视当前课题的话，将更容易找到问题的原因及解决方法。先按照适当的水准调节其组成要素的规模，因为这是维持全体生态系统可持续性发展的核心能力。

每年都发布地球环境报告书的世界观察研究所所长莱斯特·布朗，把现今成为社会或企业重要指标的“可持续性”概念定义为“不破坏下一代要享用的前景来满足现在的需要”。这来源于德国贝内迪克特修道院自 12 世纪起传承至今的“保护森林的生活规则”。1713 年，汉斯·卡尔·冯·卡洛维茨（Hans Carl von Carlowitz，1645—1714）出版的《森林经济》一书中，介绍了修道院伐树的传统：“砍伐修道院周围森林中的树时，即使只砍伐一棵树，也必须开会进行投票，在砍伐的地方还要种植新树。”1992

年纽约环境会议以后，成为世界性话题的“可持续性（Nachhaltigkeit）”，这个表述首次在这本德语书中出现。[1]

这本书的标题用的是拉丁语 Sylvicultura oeconomica，即“森林经济”。神奇的是这与洪万选（1643—1715）的《山林经济》的标题相似。两人的生卒年代大体一致，研究时期也接近。不过当时德国与韩国的自然环境和文化背景却截然不同。卡尔·冯·卡洛维茨是德国巴洛克时代的知识分子，帕赫贝尔和巴赫庄严的教堂音乐环绕着他。他钻研了外国语和自然科学方面的知识。这个时代是以国家的富强作为目标，不择手段地获取金银的疯狂时代。1618 年到 1648 年的 30 年间，欧洲人以神为借口，分裂为天主教和基督教，经历了恐怖和悲惨的时期。同时期的朝鲜因壬辰倭乱和丙子胡乱也承受了 40 多年的严酷岁月。德国的卡洛维茨作为德累斯顿附近弗赖贝格的财政长官，主管地下资源的开采和管理。如霍布斯所说的“所有人反对所有人的战争”出现了，30 年后战火才得以平息，然而被战火毁坏的森林还没等恢复，就又遭受了灭顶之灾。当时随着银矿的开发和城市的急速发展，树木被当作劈柴，遭到乱砍乱伐。卡洛维茨担心周围的树林变成不毛之地，他参考了伦敦、巴黎、威尼斯等地区的情况和政策，得出了一个结论，

① 参见德国日报《Zeit》2009 年 11 月 9 日，www.zeit.e/1999/48/Der_Erfinder_der_Nachhaltigkeit。

那就是："急躁地追求利润会破坏福祉。"他试图寻求新的政策以预防这些弊病，确保森林和城市的"可持续性"。

市场理解的传统和前景

洪万选比卡洛维茨早出生两年，晚去世一年，留下了书名和标题类似的书。两人还有一个共同点就是都当了 30 多年的官。《山林经济》是洪万选在多地担任县令之后，解甲归田、隐居山林、苦心准备、认真撰写了多年的书。他的堂兄洪万宗（1643—1725）1718 年在书的前言里对书的标题做了说明："朝政中有朝政的事业，这就是朝政的经济。山林中有山林的事业，这就是山林经济。虽然情况不同，但都是经济，这点是相同的。"这里说的"山林"与卡洛维茨所说的"森林"是相同的意思，不过在东亚传统中往往具有另外一层含义，即德才兼备却隐居于野的意思。许筠在流放时期写的《闲情录》里，就表示"因无法实现经世济民的志向，只好隐退到森林闲居"，因此著书。

那么朝鲜时代的"经济"和现今的经济有何不同呢？英文中的经济 economy 源于卡洛维茨用在标题的拉丁语 oeconomica，它原来是希腊语 oíkos 和 nomos 的结合，即管理家庭的意思，是由 oíkonomos 来的。只用我们的语言是"家庭生活"，而"生活"在传统上由女性管理。更加有趣的是这个词汇与“杀死”有相反的意思，即表示“救活的事”。这与我将市场理解成一个生态体系统的观点是一脉相通的。

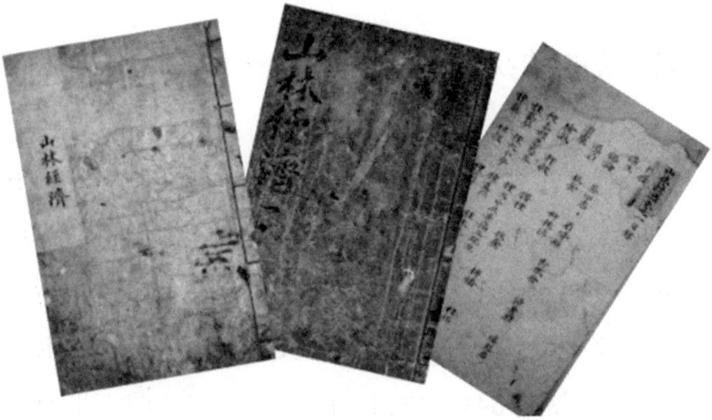

洪万宗的《山林经济》手抄本

18 世纪至 19 世纪对朝鲜的实学者来说，经济学的现代意义就像前面所提到的那样浓缩为“利用厚生”。就是通过研究机械设备或流通手段等追求百姓富裕的生活道路，与亚当·斯密的《国富论》中强调的“使国民和国家全部富裕”的政治经济学的重要性有着相似的脉络。继亚当·斯密之后，百年前确立新古典主义经济学的主角马歇尔将经济学定义为“从个人和社会层面研究与完成跟物质福利有关的日常人间诸事”。但徐有榘的《林园经济志》中探索到的不仅仅有物质上的利益，也包括文化利益的合理选择。不仅包括改善衣食住行、开发农业技术、改良品种和商品制造多元化，也包括有关生活兴趣的叙述等，如包括音乐和艺术等有格调、有内涵的文化生活。由此可知，更广义范畴的经济富足[①]、生活丰富，不能仅仅理解成物质上的丰富，它同时应该包括精神和文化上的享受。

此书中甚至提出把市场设定成一个生态系统，即市场经济的自由放任主义或是政府的管制，这种对立的立场转换成互相完善的悖论关系，而不是相互矛盾。讲述了为寻求对策，从重商主义转到古典经济学的故事。西欧的示例中，16 世纪至 18 世纪中期被称为“商业资本主义的时代”。“人本来就是自私的存在，为了更好地生活，万人反对万人的斗争，导致共同灭亡。所以需要强有力的国家权力。”这种主张就出现在这样的时代。大约 1651 年，《利维坦》出版。这个时期正是欧洲开始所谓近代思维的时候。因说了“我思故我在”这一句话而出名的近代哲学之父勒内·笛卡尔（René Descartes，1596—1650），也于 1637 年出版了他的《方法论》（Discours de la Méthodes）一书，从此可见他们之间直接的相互关系。“理性时代”拉开了序幕。

为人类的理性角色赋予了历史最高意义的人也许是笛卡尔。他活动的时期是在中国明清两朝更替的时期。从朝

---

① 一共 16 册。书中的第 10 册《保养志》中，记载着养生法和食疗法、长生不老神仙术等保持身心平衡和健康的古老智慧；第 13 册《游艺志》中记载着儒生们的读书方法和各种技艺；第 14 册《怡云志》中记载着各种各样的关于趣味生活的信息。

鲜 1592 年壬辰倭乱开始，到 1936 年丙子胡乱，朝鲜可谓是“前门拒虎，后门进狼”，朝鲜国土被倭军和清军所践踏，朝鲜遭受着持续的混乱。无独有偶，当时的欧洲和亚洲也是混乱至极。不只是朝鲜，欧洲也开始强调冷静、严格的理性思维方式。

理性的思维，一方面能拣选推动这世界的几个核心原理，同时也是迅速平息各种动乱的强有力的工具。从历史上看，可以说“理性思维”是由发现了“万有引力法则”（Law of universal gravitatio）的牛顿一锤定音的。他将苹果从树上掉下来这一司空见惯的现象，判定为宇宙巨大秩序的一部分。按照被称为“力学定律”的牛顿古典物理学进一步推理，那么造物主在创造大自然时，是将大自然设计成了用统一原理驱动的精密机械。只不过这些精密机械都是有生命或能活动的生物罢了。不仅如此，全宇宙、大自然里所有的存在，都可以说是造物主精心设计的精密机械。若对其进行拆分分析，便可知晓全部；若将碎片重新组合，便形成整体。牛顿思维即所谓的分析思考，在过去的 200 年到 300 年里占据了主导地位。

这样的机械论性思维扎根的时候，亚当 · 斯密的《国富论》成为了古典经济学的经典。与他本人的意图无关，人们摸索强调机械论的思维，探求精确运用的方法论。不仅是经济学，这个时期建立的大部分近代的学说，对于事物的理解，都把分析和计算当作概括全盘事态的有效工具。

但亚当·斯密在《国富论》和比它早17年前出版的《道德情操论》中的观点，在后来被严重地忽略和破坏。原本亚当·斯密假设的人的形象并不是在生存竞争的战场上只想自己活命的怪物，而是“作为社会存在的同感的个人”；但是随着新自由主义的横行，人的形象沦落到“自私地追求自身利润动机的个人”，这是让我们全人类的名誉都要蒙羞的不幸之事。

以古典物理学为基础的其他近代学问一直蒸蒸日上，与之相比，临近20世纪的物理学界中，随着研究极微世界的量子物理学的开启，出现了近代的观点需要更替的呼声。了解到物质的微观世界以后，人们发现自己的认知方法不需要这样单一，可在多个层面上实现，这一发现带来了巨大的震撼。人们忽然发现，自己一向认为坚固而确定的绝对真理，事实上并不是固定不变的。在一定的条件下，这些所谓“绝对真理”是会发展转变的，因此许多事情应该只用大概的近似值来定义。最近不仅在社会科学领域，在整个文化领域都出现了几乎以“后现代”（post-modern）为目标来理解世界的方法。这是一种更为柔韧、更为合理的方法。尤其是，想要了解我们自身的心理学层面，就要更加努力、更为细化，并要与以前被认为是个别领域的宗教或艺术开始沟通，力争找到理解人的新方法，找到对待社会的新观点。例如，对于1930年发生的大萧条的原因，凯恩斯并没有在需求和供给的机械性法则中去寻找，而是以人们悲观灰心的心思为重点进行了观察。他解释，恢复期也是靠着社会成员的心理变化才得以实现的。他首先没有把人理解成合理性的经济主体，而是定义为具有“野性冲动”（Animal Spirit）的“心理上的存在”。他独辟蹊径，以自己独特的方式理解市场变动的原理。

> 人大部分的积极活动，比如道德的、快乐的或者经济的，其实并不依靠数学上的期待值，而是倾向于依靠自愿的乐观主义。人这样的不稳定性，成为人们判断和决定中更主要的因素。由此可以推测，人的意志是“野性冲动”的结果，不是计算利害关系的产物。[①]

对市场理解的变迁首先与人观点变化有着密切的关系。时代变化，人也会变化，重要的是，对人生存的理解方式也发生了改变。从 84 页的图表中我们可知，重商主义时代把人看成自私的存在，人是需要严格管理的对象。相反，古典经济学之父亚当·斯密理解的人，是“合理并且能够同感的社会性存在”。而在恢复 1930 年以来被经济大萧条摧毁的市场这一过程中，凯恩斯理解的人，是善变而情绪化的“心理性存在”。相比之下，现代新自由主义下，全球

① 约翰·梅纳德·凯恩斯（John Maynard Keyne）；《雇佣、利息以及关于货币的一般理论》，1936 年。

经济危机中，我们人只是随波逐流、束手无策的“不完整的存在”。人已经持有海量的知识和信息，而且不断地生产，但是把握系统核心问题并加以改善的权限好像已经离开了人的双手。似乎有什么东西凌驾于我们之上，如同玩弄扯线木偶一般，控制着人的一切，这就是这个时代的“世态”。难道我们在这个“世态”之下，除了做奴隶之外，别无他法吗？

如此危机下，机械论理性主义传统的观点和思维方式急剧地萎缩。为了解决我们面临的问题，特别是近代化过程中被忽略、被轻视的可能性，例如，关注曾被我们视为艺术和宗教领域的感情和灵性，我相信我们能够从中获得新的智慧。过去的 30 年间，新自由主义成为世界经济的基调，抵制它的狂涛骇浪，试图克服现实中各种形态的矛盾和弊病。人们上下求索，所做的努力和实践不胜枚举。不仅如此，通过恢复共同体，可以找回灵魂渴求的朴素的幸福。抓住本质的方法也处处可寻。不仅是已经被实现的事例，在我们的文化史中也颇有优秀的线索。大致地划分对于市场的理解，总结经济学中观察和认知人的方式的变迁，并把解决方案的前景整理如下表。

这个时代，人们渴望的富足、人们追求的幸福（well-being），具体方案在 84 页图表最右侧，即有机论生态主义和有意识的资本主义、共享经济等名义下进行的多种解决方案之前景。胜者为王、激烈竞争，有压抑环绕的地方，

16 世纪至 18 世纪中期	18 世纪中期	20 世纪 30 年代至 70 年代	1980 年至今	解决方案的前景
重商主义	自由放任主义（古典自由主义）	干预主义（新重商主义）	新自由主义	有机论生态主义
* 商业资本主义时代 * 托马斯 · 霍布斯《利维坦》（1651） * 人是自私的存在 * 需要强有力的国家权力	* 产业资本主义时代 * 亚当 · 斯密《道德情操论》（1759） *《国富论》（1776） * 人是同感的社会性存在 * 自由放任的市场经济/解除政府的管制	* 福祉国家时代 * 凯恩斯《就业息和货币通论》（1936） * 人是感性的存在 * 通过政府干预的福利国家新政	* 金融资本主义时代 * 哈耶克《通往奴役之路》（1944） * 哈丁《共有地悲剧》（1968） * 人是不完全的存在 * 批判计划经济、重视自由市场 * 撒切尔主义里根经济学 * 解除管制金融自化，全球化	* 有意识的人《地球脑的觉醒》（彼德 · 罗素，1982） *《公共事物的治理之道》（奥斯特罗姆，1990） *《有意识的资本主义》（约翰 · 麦基，2013） *《协同共享经济》（杰里米 · 里夫金 2014）

谁都无法享受这样的富足。通常人们会说胜者为王，但即使当了胜者（Winner takes it all），也无法享受富足。因为真正的生活富足只存在于健康的生态系统中，是通过沟通和分享才能实现的。事实上我们无法在200多年前的书里寻求现今享受幸福的具体方案，过去的智慧虽然值得学习，但是这个时代的富足无法像过去一样，可以在远离世俗的山野中寻到。我相信，这些会通过下一个篇章里要分析的健康企业来实现。如果健康的企业在市场生态系统中尽到了自身义务，将实现这个时代的富足。

企业

公司究竟为何存在？无论生存条件多么困苦恶劣，也要坚守并发展事业——这一价值追求在某些企业那里却被设定为“利润的最大化”。尽管我们可以尊重这样的选择，但是仅仅靠利润的最大化很难让我们的生活意义放出光芒，很难让我们感到持久的充实。经久不衰的企业都会把一种明确的经营哲学当作自己的生存目标。为了发展事业，的确需要竭尽全力争取更多的利润、创造更多的经营成果，但真正探索如何为顾客和社会创造福利的企业，将会获得更大的成果。

企业利润的最大化神话

我经常有意识地给听课的年轻人提这样一个问题："企业存在的目的是什么？"一般来讲，99% 的人都会回答"利润的最大化"。企业是为了利润而存在。这样的标准答案流传开来之后，便没有了进行附加说明或是容纳其他不同想法的余地。实在令人惋惜。我一度十分好奇，这种现象到底是从何时开始的？后来在中学的《社会用语辞典》中，我找到了答案。辞典将企业定义为："以追求利润为目的进行生产活动的经济主体。"原来人们脱口而出的标准答案，是在小时候鹦鹉学舌般认真背诵过的，因此得以深深植根在许多人的脑海中！一想到这里，我不禁感到无奈。如果不能解开此种误解，那么企业将会变成人们口中谩骂的那种为了获利不择手段、无德无良的商贩，还会流失掉很多能够以企业家精神来改变世界的人才。因此在尽可能多的情况下，我都想对此做出修正。因为在现代社会之中，企业不仅仅具有实现人类伟大理想和多重欲望的惊人的可能性，它还具备实践这些理想的力量。

不管从何种意义上去定义企业，它都要产出利润，因为利润是维系企业持续生存可能性（sustainability）的重中之重。但是“企业为了利润最大化而存在”这样的命题并不是真理，而只是经济学当中的一个假说。在乎眼前利益的小商贩可能在某一次的交易中获利，成功的可能性也会很大，但事实上，企业只是看起来在围绕利润最大化的动机而运转，这只不过是现象的表征而已，并不能说明企业存在的目的一定是为了追求利润的最大化。解释企业存在的理由时，经常会被提到交易成本理论（Transaction Cost Theory）。[①]

市场上最终消费品之前的原材料、半成品、流通、金融等环节中存在许多的交易商，一些学者根据科斯定理（Coase theorem），认为企业是一系列契约的联结体（nexus of contract）。他们之间一一签订交易合约后，就要履行责任。但是通过法律途径来强制履行责任会

① 此理论是科斯（Ronald H. Coase, 1910—2013）于1937年在论文《企业的本质》（The Nature of the Firm）当中提出的。由于因特网的出现，这一解释再度开拓了世界经济理论的新局面，受到世人瞩目，并于1991年获得诺贝尔经济学奖。

花费掉大量的费用，并且在实际操作过程中也是不现实的。因此通常是最大限度地使交易内部化，即通过所谓官僚化管理系统（bureaucratic control system）来替代交易过程，以此最大限度地降低交易成本。

这样解释企业为什么而存在，强调了企业生产的工具性。这个解释看起来似乎特别有说服力，但是对于企业家们为什么要创业、为什么要发展事业的根本动机却解释得不够透彻。[①]

新自由主义带来的另一个神话是一个新主张。这个新主张是：企业经营的目标仅限于股东价值最大化（Share holder value maximization）。这里讲的“价值”是指股市中持有的股票估值。这种主张曾经开发出诸多使股价虚高的偏门经营技巧，例如减少研究开发投资、裁减员工甚至不

---

① 科斯（Ronald H. Coase）所说明的定理是从“如果最初市场是完整的，那么为什么企业会存在？”这一问题意识出发而提出的一种企业理论的假说。但是坚持价格机能（price machanism）是市场作用原理的新古典学派主流经济学家们，把交易成本看作和手续费一样的摩擦成本（friction cost），把企业看作不健全的市场（imperfect market），对此科斯表示了忧虑。他认为这些犯了只引用他的理论但没能使用的错误，只是纸上谈兵。与此同时，2009 年获得诺贝尔经济学奖的奥利弗 · 威廉姆森（Oliver E. Williamson）教授认为，交易成本不是摩擦成本，而是为了调整有无形交易的协调成本。而很早就提出了行动主义企业理论，以赫伯特 · 西蒙为首的把现代资本主义定义为组织经济而不是市场经济的一些经济学家们，近来对企业理论采用多种方案，试图超越新古典学派的经济学（罗纳德 · 科斯，1972；奥利弗 · 威廉姆森，1985；赫伯特 · 西蒙，1991）。

惜更换会计，这些方式在短期内诱导股价上升，给控股股东和公司高层带来了巨额财富，但是随之而来的却是无数的弊端，不少企业因此接连破产。最近在美国费城召开的经营学会经营战略分会上，学者们对现实进行了深刻的自我批判，认清了不论是“利润的最大化”还是“效能的最大化”抑或是“股票价值的最大化”，其结果都是一叶障目、招致恶果。学者们对于盲目地追求利润最大化进行了一系列的反省。如果把企业看作一个生命体、市场看作一个生态系统，这些现象不可想象，明显地暴露出“机械论性质的理性主义”的局限性，是非常典型的案例。正因如此，丧失了“效用”的“效能”，忘却了“本来”的“目的”，荒唐地沦为一种残暴地破坏市场经营的工具。

另一方面，假设一下在经济学中，个人也试图对于所得（income）和闲余（leisure）进行适当的分配来实现效用（utility）的最大化，从地球生态系统经历的数十亿年的进化或从长远的角度来看，可以说一切都是通过“效用的最大化”来实现的。被刺鼻的毒气所包裹的原始地球在开始了有关生命的实验以后，在经历了挫折和困难之后，能进行光合作用的绿色植物就登场了。绿色植物向大气排放“毒气”，即释放氧气，杀光了被称之为“嫌气性生物”的生命体，地球生态系统便迎来了致命的危机。然而地球也因此进入了靠呼吸氧气就能获得能量的众多生命体即将出现的准备阶段，更加有效地提高了多样性，使得地球能够焕发出像今天一样的绿色生机。并且，性的出现以一种超乎想象的速度带来了物种的多样性，开始了地球生态效能的最大化征途。

地球生态系统的效用指的是地球构成要素之间的关系不断地多样化、复杂化。一般的冲击会在这种关系中被溶解、被吸收掉。这就意味着地球生态系统的效用和可持续性是等值的。从生态系统的角度来说，经济和生态（ecology）并不是独立的个体。与之相比，试图在短时间内取得效用最大化的希特勒的人工林，刚刚几十年以后，就显出了错误判断的悲剧性。最近不断有研究结果表明，如果不是栽培果树等明确的目的和需求的话，自然林比人工林更具有经济效应。因此有人提出，应该将植树节种树活动改成举办学习生态系统多样性基本原理的庆典。这些人主张，应该以此种学习来清除人们头脑中的短期性效用最大化理念。因为生态系统的效用是一种长远性效用，绝对不可能一蹴而就。

实现企业的可持续发展，创造利润是必要条件。因此，创造利润能够成为经营目标。但是利润的最大化是企业存在的理由，这在逻辑上不成立。要回答“企业为何存在”这一问题，首先要弄清楚企业存在的最终目的。企业生产的产品在社会扮演什么样的角色，会对社会成员造成什么样的影响，会带来什么样的变化，这些问题的答案可以看作企业存在的理由。企业无法“唯我独尊”式地独立生存。

企业成员的努力，只有在市场上获得好评才能创造出利润，在此基础上才可以谈经营的持续性。那么我设定企业是“在市场这一生态系统内有自己位置的一个生命体”，这样的设定就如生命体具有守护自身、进行繁殖再生本能一样，企业也会为了自身的生存和发展去筹措自救之策。

如前文所述，比喻有着超乎想象力的巨大影响力的“无形的手”，像需求和供给两条曲线的钳子，还是像大慈大悲的千手观音的手，按照不同的理解会产生截然不同的结果和情绪。比喻使我们的想象力和思维体系焕然一新并发展为实践，从结果上看，这是关乎企业能否长期地生存与发展的重大决策。创造短期利润和长期可持续发展的并举发展策略，是公司经营的根本性课题，不能偏重任何一方。一条腿走路不能稳健，二者是相互牵制、相互完善的辩证统一关系。如今，市场生态系统如何生存、发展与维护，这一课题的研究十分迫切。时代给我们提出了更加紧迫的要求，那就是需要探究企业如何确保可持续发展的生产方式。

企业是生命体的比喻

把企业比喻成为市场这一生态系统当中的一个生命体，首先需要理解生命体的特性。生命体在存活期间会显示出生命现象，但是这些现象会随着死亡的来临而停滞。虽然也存在起死回生的可能性，但是正如濒临死亡的生命体会出现一些常见征兆一样，这就成为判断一个企业健康状态的线索和依据。为了确认我的比喻是否恰当、有效，我从现代生命科学的定义上去寻找依据。这不仅仅对于企业，对于人的健康判断也可以当作有效的尺度。让我们一起来看一看现代科学当中是如何归纳生命现象的吧。

● 代谢 metabolism：维持生命需要能量。需要摄取能够释放能量的养分，充分地消化吸收，适当地分配至全身各处，并且把体内垃圾排出体外，这样才可以维持平稳的生命体征，完成更多的生命活动。从这一点上来说，企业的发展和生命体代谢的过程是一样的，企业需要通过各种途径实现有效的经营管理、创造利润，才能达到可持续发展的目的。这两者是相同的道理。

● 动态平衡 homeostasis：不管是单细胞生物还是复杂的人体，身体内部的生态环境时时刻刻都在发生着变化，但是不会脱离一定的范围。我们的身体为了调节体温、血压和血糖，会出汗，会起鸡皮疙瘩，会感到口渴而喝水，疲劳的话会发困。这就是要维持动态平衡。企业相关人士之间相互作用、各取所需、各自获益的一种平衡也和人体的调节方式一样。平衡一旦被打破就会出现副作用，如果是健康的生命体的话，就会朝着自身修复的方向做出生理反应。如若不然，则会出现慢性疾病。

● 适应力 adaptation：即便是一母所生的双胞胎，在不同的环境中也会呈现出不同的成长轨迹。生命体是生态系统内的特定要素，如果不能适应生态系统的变化就只能够被淘汰。也正是得益于在这一过程中出现了突然变异，才会产生新物种。同样的，不能对市场生态系统变化做出敏感反应的企业将会被淘汰。不断地革新与调整结构，有时是作为一种权宜之计，被动地实现企业的可持续发展，有时则是审时度势、拓展变革新领域的新策略，它为企业提供了新的发展契机。

● 应激的反应 response to stimuli：生态系统会不断地出现各种刺激，必要时会出现躲避或对抗等启动防御体系的反应。虽然也有“有人打你的左脸，连右脸也转过来由他打”的教诲，但这种性质的反应一旦过了度，就会打破动态平衡，搞不好会招致毁灭性的后果。适当地躲避、防御才能够守护生命。也有箴言教导我们要“像鸽子一样纯洁，但要向蛇一般智慧”；也有老话说，对于不接受你的村庄，就不要硬碰硬，要毫不留恋地“掸掉鞋上的尘土，走向下一个村庄”。这句话强调的是应该灵活地应对变数，守护自身。来到这个世界的生命体在历经了成长、老化之后，终将走向死亡。与此相同，企业如果能够对刺激做出恰当的反应，便可以延长寿命，获得可持续发展。

- 自愈能力 self-recovery：生命体时常会受伤，但其具备自愈的能力。低等动物的这种自愈能力更快速、更简单。有些动物的身体被切断后，破碎的残段依旧可以自成一体，独立成活。相反，复杂点的生命体则分泌液体来覆盖撕裂的伤口、长出新肉，使自身恢复原貌。企业也常常面临这样的境地，在市场生态系统中接受了多种形式的打击后，不得不进行自我治愈、自我疗伤。不想被淘汰，有时候就需要通过革新性的结构调整进行刮骨疗伤，而有的时候则需要输血或是些许的自我抚慰。

以上面生命现象的五条准则来判断，“企业就是一个生命体”，“市场是企业的生态系统”的观点是否符合现实、是否能够反映时代要求、是否是一种形象鲜活的比喻便不言而喻了。由此我们也可以得知，企业健全与否，与健康状态是多么的等值。

滋养生命的养分

几年前去瑞典出差时，听到过一个关于企业存在目的的说法，感触颇多。瑞典人把做生意称作“Näringsliv”，英语解释为“Nourishment for life”，就是“滋养生命的养分”。居然把做生意看作“给生命体输送养分的行为”！就像这句话成为惯用句一样，对瑞典人来说，事业就是“给生命体输送养分的行为”。事业和生意呵护生命、滋润生命。从这点上来讲，瑞典语的“做生意”一词竟然和韩语当中“养活”这个词的语义相通，都是死亡的反义词！受此启发，我突然间想到，这不正是在饱受战争和灾害的那个年代，我的爷爷奶奶们当时生活的写照吗？他们为了使孩子们不饿肚子，天天为生计东奔西走却只能勉强度日；在北欧这片荒凉寒冷的土地上，怀抱着吃饱穿暖的朴素愿望、费尽心思奔波劳累的北欧人民，和我们那辛勤劳作的爷爷奶奶们的生活竟是如此相似！一想到此，我顿觉亲切，心生暖意。也许正是因为联想到了自己小时候从外祖母那里听到过她老人家年轻时的故事的缘故吧。

我外祖母幼年丧母，长大后因为要照顾自己的父亲而耽误了婚期。后来她嫁给了自己父亲一位好友的儿子。我那从未谋面的外祖父当时在新义州有个百货商店，是个有钱的鳏夫。和我外祖母再婚后，他们生下了四个子女。有一年寒冬，外祖父在冰面上滑倒后，竟然去世了。欠他账的人都没了踪影，要账的人却一个个毫不迟疑地找上门来管我外祖母要钱。外祖母对家产以及财物明细一无所知，30 岁的她一夜之间就成了一无所有的寡妇。朝鲜战争结束后，她带着四个年幼的孩子来到釜山避难，举目无亲，一家人住在漏雨的房子里，“除了卖酒和卖笑，其他的生意没有没干过的”。回顾自己苦难的青春岁月时，外祖母如是说。事业和生意对外祖母来说，就是在筹措养育年幼子女所必要的生活养分。

从这层意义上讲，做生意就是守护家人生命的事业，是非常崇高的。与此相比，英语 business 由不带任何特殊意义的 busy+ness 构成，除了“奔波”这层含义之外，语义单薄。常常缩写为 Co. 的英语单词 company，是从拉丁语“一起　面包（com+panis）”中衍生出来的——不是独自一人，是大家一起谋生去挣面包。这个说法其实也是一脉相通的。和同事们一起发展事业，一起分享粮食，那么利润就是理所当然的目标，这是持续发展事业的必要条件。但是利润并不是为了实现可持续发展的充分条件。

汉字“商人”这个词是对 3000 年前商朝灭亡以后，为了生机而四处流浪、贩卖商品的商朝子民的称呼。在儒家文化圈当中，一直以来商人的地位就比较低。2000 多年前，民间传说中秦始皇的生父、巨贾吕不韦曾经豪情万丈地说过：“农业的利润是 10 倍的话，商业的利润就是 100 倍。”即便如此，他的说法也没能在儒家传统社会当中得到认可。无独有偶，汉语中“生意”一词也含有生机、活力和生命力的寓意。这和瑞典人使用的“Näringsliv”是异曲同工的表达，也许是因为都和生计有关吧。这其实也是在说，我们的生活，最必要、最基础的东西就是生意，它是为了要养活人，而不是要压制人或置人于死地。

市场在竞争之下不断地革新，必然会出现部分公司破产倒闭的结果。但这是生态系统进行优胜劣汰的必然结果。生命体的五种特性中，缺乏一项，即不能够很好地对刺激做出反应；也就说，不能进行自主革新的企业，所要遭遇的必然结局就是破败。不能为了达到企业生存之目的或目标，就对竞争对手使用不正当手段。生意本应该是给某一位顾客带去福利，向着这个目标行进的过程中，你自然而然地就会在竞争中取胜。当然这个结果的产生必定会使某些人失败，但这并不是企业的终极目标。

斯坎迪纳维亚半岛原住民萨米人和北美的爱斯基摩人以鹿肉为主食，外出狩猎抓到驯鹿的话，他们会在它的脖子上迅速插一刀以减少它的痛苦，并要在原地为驯鹿的灵魂进行祈祷。首先会向驯鹿道歉，感谢驯鹿给予自己维持生命的肉食，祈祷驯鹿灵魂归天后能够祝福自己。杀生，本不是目的；通过杀生得到食物维持生存，之后才能够延续子孙、繁衍后代，这不过是遵循自然界的循环原理罢了。在这一过程中虽然杀生了，但是如果不这么做，自己因为没吃的而饿死了，生命就得不到延续，反而违背了生命秩序的初衷。从生态系统的原理来看，生意也同样如此。做着对别人有益的事情的同时，也是在给自己的生命注入养分。

企业存在的理由（Raison d’être）

公司究竟为何存在？在困苦恶劣的条件下坚守、发展事业，某一些企业把应该追求的价值设定为“利润的最大化”。尽管我们可以尊重这样的选择，但是仅仅靠利润的最大化很难让我们的生活意义放出光芒，很难让我们感到持久的充实。持久发展的企业会把一种明确的经营哲学当作自己的生存目标。为了发展事业，需要竭尽全力争取更多的利润、创造更多的经营成果。但是有相当多的研究资料表明，真正探索如何为顾客和社会创造福利的企业，将会获得更大的成果。关于企业存在之理由的答案，我们用实例来说明吧。默克（Merck）公司是世界上最早的制药公司，1668 年以药店生意起家，1863 年在德国达姆施塔特、1887 年在美国纽约设立了工厂。1929 年乔治·威廉姆·默克（George William Merck，1894—1957）会长继承了家业。第二次世界大战中，他的公司大量生产青霉素用于救治伤病。将青霉素作为治疗剂并使其商品化，默克会长因此闻名于世。退任之前，他在弗吉尼亚大学医学院做的演说堪比希波克拉底誓言，不仅在医疗界，甚至在科学界、经营界等诸多领域都广为流传：

医药品不是为了创造利润，而是为了挽救患者的生命。为铭记这一点，我们不断在努力。我们只要谨记这一点，就会有利润随之其后。这一条记得越牢，利润就会越多。[①]

默克会长所提到的“谨记住这一条”和“记得越牢”都是在强调要将这一点努力铭记于心。不忘记企业存在的理由，加倍努力，这究竟是什么样的寓意？因为这点非常容易被人遗忘，而企业的短期目标和存在理由是随时都可以逆转的。当我们埋头于月末结算或是季度业绩的时候，很容易就会神志不清。如果我们不时常念着企业存在的根本理由，不间断地努力，其结果就是会将此频频遗忘。所谓的市场竞争，会使人在巨大的压力之下很容易就迷失自我，忘记本真。“做制药生意的根本理由是什么？”“为什么投入数百万、数千万的美金开发新药？”我们会提出这样的问题。“啊，我们是在帮助患者呀，是的，我们原本的目的就在于此。”这样不断地重复问答，不断地进行自我反省，下定决心，坚持到底，始终牢记最重要的企业存在的理由，才能够使企业获得更多的利润。神奇的是，越是这样做，获利反而越多。的确有盈利悖论这样的说法；你越

① Jie Jack Li, Triumph of the Heart：The Story of Statins, Oxford Univ. Press, 2009.

是追逐利润，利润就离你越远；能够忠实于生意的本质目标，利润自然而然地就随你而来。

有一个与之相关联的例子，就是《孟子》的初始部分中孟子（公元前372—前289）见梁惠王（公元前400—前319）[①] 的典故。当时已经年届八十的梁惠王欣然向比自己小三十多岁的孟子求教，却得到了不咸不淡的回答。

梁惠王说："先生，你不远千里而来，一定是有什么对我的国家有利的高见吧？"

孟子回答说："大王！何必说利呢？只要说仁义就行了。"

第一次见面，大王就拜托说"怎样使我的国家有利"，孟子无法掩饰内心的失望，反问大王为什么不问别的，只追问利益。孟子提出"何必曰利"并解释道："如果大王想的是怎样使我的国家有利，那么大夫们则会考虑怎样使我的家族有利，儒生和百姓也会考虑怎样使我家有利，结果是上上下下互相争夺利益，国家就危险了啊！"孟子是信奉实用主义的人物，曾经向为政者提议，对于百姓来说经济利益要比道德更重要。但是注重现实又合理思维的孟子，

---

① 公元前403年开始至秦始皇统一天下的公元前221年，是封建制解体后中央集权制的古代国家形成的过渡时期，即战国时代。梁惠王是战国七雄当中通过富国强兵而成为强盛国家魏国的第三任君主，是首个用"王"自称的野心家。他为了阻止国家衰亡，发布了招贤令。听闻此消息，孟子携众弟子不分昼夜、不惧路途遥远，来到魏国。

这次却在梁惠王面前提出了与平日里截然不同的主张。他阐述了自己的主张：当利益成为中心价值的时候，国家就会走向灭亡。“大王只要广施恩德、遵循道义、明辨是非，即便不刻意追求利，臣民百姓也会纷纷效仿，自然对国家也有利。”孟子通过这番话解释了君王“如何用心”的道理。虽然孟子肯定地说追求利益是不可行的，但实际上孟子是在告诉梁惠王给国家带来大利的实质性要领。

企业的经营哲学也是一样的。经营国家的“盈利悖论”应该被当作值得借鉴的教训。“企业为了利润而存在”这样的短答式“标准答案”绝不是真理。从阻碍思维的角度来说，它是一个严重的错误答案。2000 多年前的《孟子》其实是一本关于国家经营的智慧之书，它揭示了“盈利悖论”。

利润的悖论

在当今世界经济不稳定、新自由主义泛滥的潮流之下，我们面前的那些极端性的危险局面就是对利润悖论的最好证明。这也让我们再次回顾东方核心思维方式中孟子的教诲。

美国在 20 世纪 80 年代初期开始扩散民营化、降低税率、放松管制，许可金融自由化的里根总统的经济政策就是把短期利润的最大化、股东价值的最大化当作目标。延续至今的极端世界化，正是孟子告诫梁惠王的举国危机，如今发展成为整个地球村的危机。2001 年美国的安然事件向我们揭开了其真面目。

安然公司始于里根政府时期的中心地区之一得克萨斯州，是靠管道输送燃气的城市燃气公司。得益于放松管制和民营化热潮，安然公司成功打入南美市场，供给天然气，其后在世界各地建立起发电站。以能源发家的安然公司在 1990 年末进入互联网领域，恰逢互联网热潮，股价暴涨，公司成立仅仅 15 年就完成了 1700% 的超高速增长，营业额达到 1010 亿美元，资产一度达到 473 亿美元。1996 年至 2001 年，连续被《财富》（Fortune）杂志选定为美国“最优秀的创新企业”，且以录用最优秀的 MBA 人才而闻名，成为业界艳羡的对象。安然公司曾经是主导美国经济的大企业，却在几年后互联网热潮退却之时，股价开始下跌，内部存在的种种问题也逐渐暴露出来。安然公司在财务结构上存在很多的弊病，它的超高速发展不是基于特别的技术或是革新。一度曾是要掌控整个市场生态系统的发展态势，自身却是一个罹患癌症的病体。但是安然公司并没有想办法治理这些问题，而是用做假账、虚报盈利的方式掩盖交易内幕，还向美联邦能源制裁委员会提出废除提交财务报告义务的请求。然而对此，本应该及时制止其错误行为的能源制裁委员会却丧失职守，竟然同意了安然公司的要求。正所谓“水不流则腐，官不廉则败”，正常的秩序被破坏的结果是导致了官商勾结，巨大的腐败势力肆意横行。该给企业动大手术的医生们，这时候却陷入利润悖论这一贪婪的陷阱之中，他们将自己应尽的本分与最起码的职责都抛诸脑后，更不要说救助病患了。这些贪腐之人沆瀣一气，最终他们自食其果，得到股票停止交易、退市的下场。

资源来源 :Thomson Datastream

最终爆出的“安然公司财务欺诈丑闻”是安达信会计事务所和安然公司联袂演出的作品。安达信会计事务所在美国有着近百年的历史。但他们以掩盖财务状况、欺诈股民为目的，收取了安然公司巨额金钱。安然公司从 1989 年开始就动用了超过 600 万美元的资金进行政治贿赂，与华盛顿的高层政治人士建立了密切的联系。因有强大的政治背景作为后盾，政府没有启动制裁程序。然而随着造假与舞弊接连被揭发，安然公司最终于 2001 年 12 月宣告破产，破产之时竟背负着 310 亿美元的债务。在最终宣告破产之前，安然公司总裁因为心脏方面的疾病离世，首席执行官原本获刑 24 年，其后在 2013 年 3 月被减刑为 14 年。曾经雇员达到 8 万余名的安达信会计事务所，为了掩盖安然公司的财务状况而不惜进行财务造假，他们毁损账簿和电脑文件，因而遭到会计监察部门的处罚，被吊销执照，最终与安然公司一同破产。安然事件以后，2002 年 7 月，美国议会为了防止类似事件再次发生，防止财务造假和会计舞弊行为，制定了更加严格的《萨班斯·奥克斯利法案》。[①]

安然事件是对利润悖论的最好说明。如若不是一味地追求利润最大化，安然公司也不至于最后落得凄惨的结局。忠实于分享互利的企业本质的话，安然也不至于破产。从这一事件中可以清楚地看到，没有监管，一味鼓励激进的民营化和宽松的金融政策，会造成监管漏洞，会带来恶果。人所制定的法律既不可能完善也不可能一成不变。简单回顾一下跟随时代变化而调整的经济政策或是经济学的基本观点，我们可以发现，每每问题出现之时，也是新观点出现之时；反映此观点的政策执行之后，又会有预料之外的

---

① 《萨班斯·奥克斯利法案》(Sarbanes-Oxley Act)：为了恢复投资者对于公共企业财务报告的信赖，于 2002 年制定并生效的法律。又称为《企业会计改革及投资保护法》。起源于美国安然（Enron）公司和世通（World Com）的财务造假事件，为防止和保证上市公司不再发生财务丑闻，由美国马里兰州民主党参议员萨班斯（Sarbanes）和美国共和党众议员奥克斯利（Oxley）联合提出了这项法案，该法案即以他们的名字命名，又称之为“SOX”或“SOA”。

问题出现，接着又会产生更新的观点。我们应该深刻认识到，维持市场生态系统健康与均衡的基本原理是亘古不变的，是极其重要的。

韩国的企业财阀

那我们的情况又是如何呢？根据 2007 年开展的针对一般公民进行的企业以及企业家好感度的调查结果[①]显示，大众对于一般企业的好感度都在一个比较高的水平，但那不是对于财阀，尤其是大财阀。除了经济专家或是公务员以外，大部分的群体都对财阀显示出了反感情绪。

如下图所示，反感的主要理由是财务造假和变相继承等不道德的经营管理。回答因为垄断、章鱼足式的扩张、政商勾结等原因而表示反感的被调查者也很多。韩国开发研究院（KDI）进行的调查，是基于已掌握的 2000 年初期经济团体中经常提出的一个主张而展开的，这个主张即“韩国人的平等意识非常强烈，反企业情绪浓重，做生意办企业很困难”。但是基于实际情况的调查结果显示，民众反感的不是企业，而是个别财阀领导者身上体现出来的错误行为。当然在很多的情况之下，对于财阀的反感会延伸到其

① 韩国开发研究院:《“反企业情绪”实态调查研究》, 2007 年 5 月 30 日。

所在的企业。

20 世纪后期韩国的经济飞跃发展堪称奇迹，财阀作为国民经济的主干力量起到了核心作用。例如，现代汽车使韩国在不过半个世纪的时间里迅速成长为世界第五大汽车生产国，而财阀是其最重要的根基。

韩国国民对于企业具有好感，但对财阀却有反感情绪，
反感财阀的理由是不道德的经营管理，
政商勾结等企业内部的原因占主导。

反感财阀的理由？多选答案（单位：%）

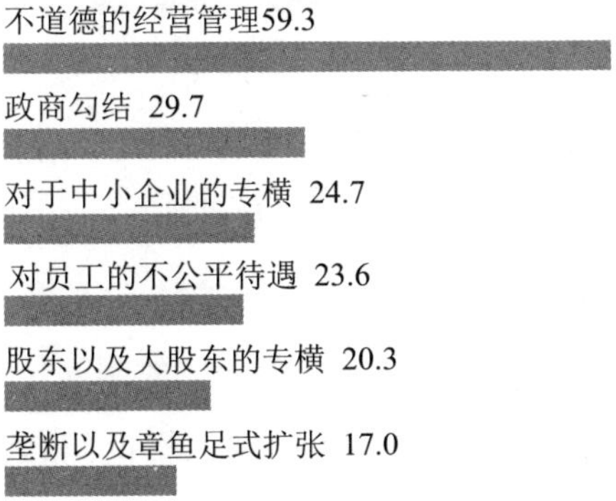

* 出处：KDI“反企业情绪”实态调查研究（2007 年 5 月 30 日）

笔者初到美国留学的时候，在美国家电商场里难以找到韩国产品的踪影，美国人对于韩国汽车就更是闻所未闻。第一次目睹韩国生产的现代卓越出现在美国公路上是 1986 年，当时我的激动之情无以言表。不过 20 多年的时间，韩国汽车就飞奔在世界各地，真可谓是碧海桑田，斗转星移。

利用厚生是指日常生活中开发必要的工具、器械和流通工具，物尽其用，大规模生产生活物资，使百姓生活富

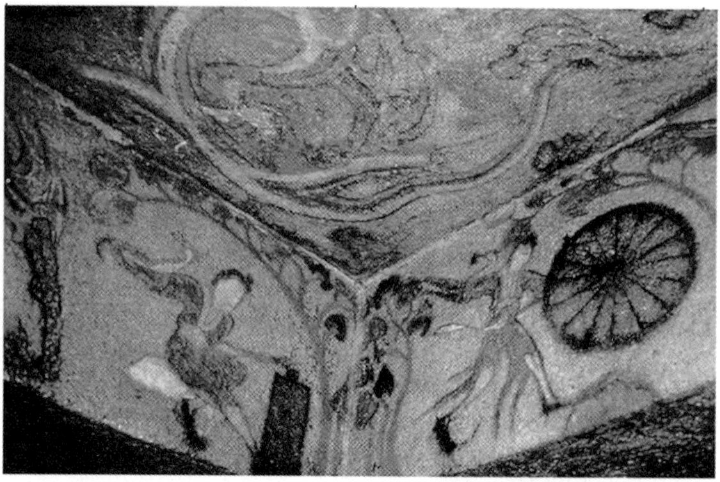

高句丽五盔坟四号墓　墓室顶部壁画——描绘进行“利用厚生”的铁匠神和车轮神

足。这一教诲在浦项制铁（POSCO）被打造成了钢铁神话。在电子产业打出一片天下、取得巨大成功的 LG 和三星，使人们联想到令宋代使臣徐兢所感叹的“天下第一高丽青瓷”① 的全盛时代。从最初模仿宋朝陶工的制陶技术，到 200 年后“青出于蓝而胜于蓝”地创制出举世闻名的高丽青瓷，韩国制陶工匠创出了奇迹。大韩民国的电子产业就跟当年的制陶工匠一样，也在学习他人的基础上，创造了自己的奇迹。30 年至 40 年前，他们还在模仿美国和日本的技术，只能承接一些代工项目。然而他们不断积累实力，

① 初期的高丽青瓷是以首都开城为中心，主要在京畿道，按照宋代青瓷的方式进行制作。之后中心迁移至康津和扶安后，从窑的建造到器皿的烧制，呈现出了高丽独有的风格。自此出现了被称为“翡色”的精致色调。青瓷的宗主国使臣徐兢访问高丽之时，曾经留下过“天下第一高丽青瓷”的赞誉。参见徐兢著：《高丽图经》。Joe Dongwon 译，金牛座 2005 年版。

高丽时代翡色青磁七宝透刻香炉，国宝 95 号

孜孜不倦地努力，接连不断地生产出令世人钟爱的产品。

当时的政权对提高制瓷技术给予了政策支持，加上现场陶工们的积极响应，工匠们研究出了世界顶级的制作青瓷的技术，并将其升华为一门艺术。高丽青瓷和朝鲜白瓷的生产，可说是动用了相当的财力与行政力的国家级项目。20世纪后半期，大韩民国政府和财阀企业所创造的经济奇迹是仅次于此的业绩。

200年前，注重实际和实用的朝鲜实学家们，在回顾被人称为“贸易之王”的新罗张保皋和他所带领的船队时，不由得扼腕叹息。如若他们再次来到这片土地，一定会惊叹这片故土取得的巨大成就——世界第一的造船产业借现代和大宇的名字复活了。这也是受惠于20世纪70年代扶持财阀和输出为主导的经济运营方式。

18世纪后半期，朝鲜实学家们初次进入北京城时受到了巨大的刺激，两国之间悬殊的发展差距让他们惊叹和艳羡之余不禁感到自愧不如。韩国造船业的重新崛起可以说是一举洗刷了当年的“耻辱”。实学家们曾试图挽救从壬辰倭乱和丙子胡乱之后朝鲜日渐式微的国势，他们的愿望在200年后，通过财阀企业的努力才得以成功实现。

如今韩国财阀企业已经发展成为令世界不能小觑的规模。但是辉煌灿烂的成就背后仍存在不少的阴暗面。这与财阀的成长过程有关。财阀的成功是企业自身努力的结果，这一点固然不可忽视，但是与国家层面的大举扶持更是密不可分。朝鲜战争后，韩国政府主导的包括向 IBRD（国际复兴开发银行）融资的资金分配、对国内市场的保护以及美国政策性市场的开放等，都起了很大的作用。在那一时期，韩国经济经历了在政府积极扶持下的替代进口产品制造→输出主导型轻工业→重化工业产业园区的建设这几个阶段。从 1962 年到 1981 年的 20 年时间里，韩国创造了年平均 GNP8.4% 的史无前例的增长速度。在这一过程中，以财阀为中心的经济体制得以稳固，这在当时是相当有效的经济形式。但是如今，固化的财阀中心经济体制却导致了财富的少数集中以及经济的不均衡发展态势，给国家经济增添了危险因素。例如，资料显示，三星和现代汽车的 2012 年销售额占国内 GDP 总量的 35%，营业利润是国内企业总体的 22.4%，对比总市值则占 36.5%。可以说，依赖出口的韩国经济的兴衰决定在这两家企业身上，这毫不夸张。

这种经济结构破坏了市场生态系统，毁坏了市场的多样性，很大程度上会引发经济生态系统的枯竭与死亡。藤科植物葛缠绕在各种树上生长，用宽大的叶子遮住阳光，使得树木渐渐枯萎，这会使曾经郁郁葱葱的树林失去多样性。当林子里的树木都病倒，无树可爬的葛也会丧失生存能力。因此，20 世纪 60 年代开始的 20 余年飞速发展的时期里，政府支持、财阀自主构建的不透明经营结构、子公司之间的不正当援助、章鱼足式的扩张、筹集秘密资金等这些不光彩的标签，现在是该摘掉的时候了。

▌三星、现代汽车集团经济偏重图

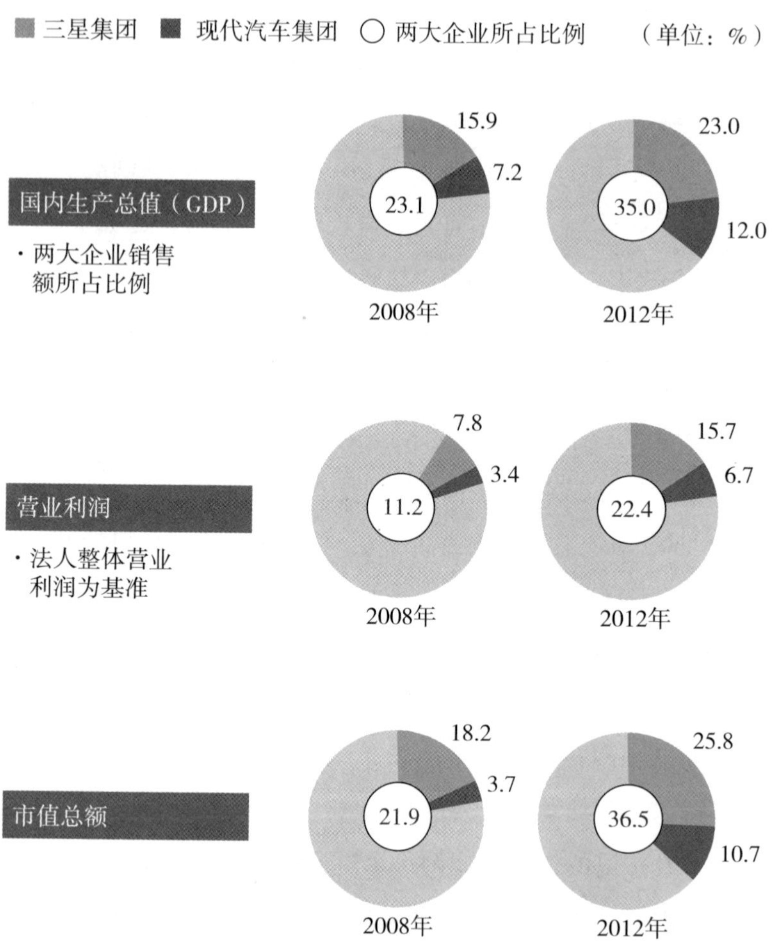

资源来源：CEO score 韩联社

▌财阀的明与暗

什么是财阀?

20世纪60—70年代政府政策

财阀与政府政策

· 企业所有人或通过家族或是血缘关系来行使实质经营权的大规模企业集团
· 通过互相循环出资的方式，以少量股份掌握子公司的经营权

· 集中针对少数大企业进行支援培养，期待大企业带来的波及效应
· 保护国内市场，通过官方干预金融的方式支援大企业

明：高度化发展的龙头

· 1962—1981 年平均增长率 GNP8.4%替代进口轻工业→主导出口→重化工业

题

· 不透明的支配结构：所有与支配权限的背离，循环出资的方式掌控子公司
· 相互供给保证，过多借资，盲目的产业多元化，章鱼足式经营
· 子公司之间的不当支援：亏损子公司导致的连锁破产风险，运作虚拟资金，操控市场
· 官方干预/政商勾结
· 引发反企业、反财阀情绪

偏离与局限 - - -➤ 全球化经济环境中已失去效用，遭废弃的命运（金融危机）

全球化标准

· 支配权的正当性：依据持有股份的份额对应的支配权
· 持有与经营的分离：责任经营
· 经营的透明化，强化健全财务制度
· 解除相互保付，限制循环出资，禁止不正当的内部交易

替代性支配结构

财阀的问题当中最严重的当属支配结构问题。基于复杂的相互循环出资结构的现有财阀体制，因为存在非常危险的结构性缺陷，即使在外部微小的冲击之下也会顷刻崩塌。[①]

最大的问题是持有与支配权的背离。以不到1%的持股实际上支配整个子公司的结构，会在公司出现问题的时候引发一溃百溃的多米诺效应。1997年金融危机爆发，没能经受住连锁破产的企业就走上了解体的道路。当时韩国不可避免地遭受金融危机的原因之一就是：韩国企业的财务报表完全不可信。财务结构之下，隐藏着各种弊病，财阀企业之间虚报账目已经是默认的常见手段。根据报表无法判断企业究竟是盈利还是亏损，抑或是从其他公司拆借了资金。假账现象愈演愈烈，导致外国资金突然撤资，使得韩国的外汇储备见底，从而招致了史无前例的金融危机。

认识到这种危机，从根本上解决这一问题的企业是LG。LG在经历了痛苦的1997年金融危机之后的3年到4年的时间里，进行了彻底的结构调整。在财务结构和事业

---

① 由相互循环出资而联结的各财阀企业间的股权关系，复杂如同数字电路图一般。具体的内容详见公正交易委员会网站：http://www.ftc.go.kr/。

结构调整之后，LG首次尝试了调整持有与支配的结构，走了一条无人走过的路。为了提高经营透明度，斩断支撑财阀体制的相互循环出资链，LG以股份公司的体制，改变了原有的支配结构。这看起来似乎很

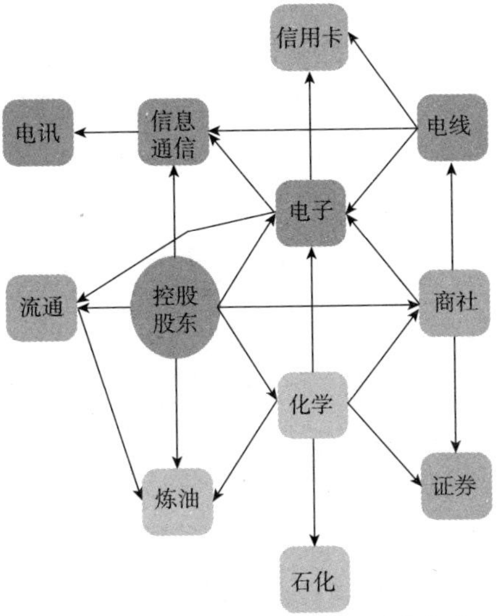

容易，但想要彻底斩断相互出资与循环出资链这一团乱麻，实际上是一件非常不容易的事，要经历无数次复杂的子公司之间股票的买入与卖出过程才能实现。而且在此过程中，为了确保流动性，因为缴税以及非上市股票的核价等相关问题，LG与市民团体之间还一度产生过意见分歧。在LG公司内部，卖掉大股东所持有的子公司股份，用这笔资金创建新的股份公司并培养其成为上市公司，这究竟可行不可行？会不会对经营层造成威胁？走在前人没有走过的路上，这难免让人惴惴不安。

经历了如上过程的LG，在圆满实施了一系列的流程之后，于2003年成为财界最早脱离财阀体制的企业——LG蜕变为股份公司了。此时LG才真正进入持有与支配成正比的市场经济规则运行之中，确保了支配权的正当性，使

得透明经营成为可能。能够成功挺过这样一个艰苦的过程，去实现企业的可持续发展，不能不说是LG公司控股股东的英明决断，当然，这也得益于深谙时代潮流的职业经营人的慧眼。

LG的结构性改革不但获得了国内外专家的赞许和好评，海外媒体也给予了高度评价。可以说这是大韩民国企业史上划时代的事件。其后10年间如下图所示，呈现出了飞跃增长的态势。

控股公司体制转换后，10 年间 LG 的变化

区分	总市值	销售	雇佣人数	资产规模
2003年末	19.1兆	66兆	11万名	61兆
2012年末	76.7兆	145兆	22万名	102.4兆

所有与分配结构相关的革新都是一个艰苦的过程。三星、现代等大部分大企业时至今日也没能从相互循环出资结构的财阀体制中摆脱出来。敦促实行解决此事的方案以及各种专家意见也是层出不穷。[①] 当然，关于改善财阀经

① Kim sangjo：《纵横驰骋韩国经济：从财阀与 MOFIA 中逃离》，ohmybook 2012 年版；Chang Haseong：《韩国资本主义：超越经济民主化的正义经济》heybooks2014 年版；Chang Hajun：《需要的话，三星法也可以》，《时事 in》354 号报道，2014 年 6 月 30 日。

济支配的对策，不是仅有控股公司体制这一种。比如还有瑞典的瓦伦堡家族、德国的默克公司、美国的 GE 等各种模式。但是不管遵循何种模式，一定要坚守的原则是透明性和责任制。也就是按照股权所有的份额行使经营权，经营者要对行使权力的长短期经营成果负责。只有这样才能得到社会的承认，获得尊重，才能够不断履行一个控股股东的职责。而这个股东一定是着眼于未来、果敢投资未来产业的可靠的控股股东。

占领华尔街！

20 世纪末，伴随着东欧社会主义国家的剧变，意识形态改变了，经济体制也发生了变化，取而代之的是一个叫作 WTO 的市场体制。自此我们总是可以看到，每每世界级大企业显示出严重症状的时候，这种病症就会快速蔓延至全球的市场生态系统。安然公司的财务造假事件后，刚刚过了 5 年多一点，美国就爆发了金融危机，随后不断发酵，引发了全球经济萧条。美国金融危机的本质其实是管制宽松、政府放任以及政商勾结等，没能守护住维护市场生态平衡与健康的基本原则，导致金融危机的发生。结果怎样呢？让人感到遗憾的是，替那些惹出灾祸的责任人受过的，是全世界数以亿计的民众。也就是说，连金融机构犯下了何种不道德的错误都一无所知的民众，却要替那些惹祸的家伙承担这份痛苦与损失。生态系统就像是因陀罗网一样相互联系在一起，一丝一毫的颤动也会相互影响。整个生态系统真是牵一发而动全身。

今天，华尔街（Wall Stree）金融资本无所不为的权力，使得资本主义市场经济的传统美德丧失殆尽。众所周知，2008 年 9 月，美国代表性投资银行雷曼兄弟破产，加上曾是世界最大保险公司的 AIG 的救济贷款引发信用恐慌，从而触发了金融危机。当时，高层经济官员、金融机构的管理层、新自由主义经济学家组成的同盟是以何种方式引发此次世界性金融危机的，问题的核心为什么在华尔街，在 2011 年上映的纪录电影《监守自盗》[①]（Inside Job）中，有良好的诠释。

《监守自盗》当中反复强调，这其实是智能型的犯罪行为。比如高盛 2007 年在证券化次贷危机中推行金融衍生产品[②]时，刻意向顾客隐瞒了一个事实，反而鼓吹顾客在遭受表面损失时自己会因该款衍生产品而获利。这是他的一种联系性投资。这意味着高盛在出售不动产商品时，已经预

① 佛格森（Charles H. Ferguson）导演的公开作品。http://www.dailymotion.com/video/x1zx56p_inside-job-full-movie-hd_shortfilms。

② 金融衍生商品（financial dervatives）指的是为了减少汇率、利率、股价等变动导致的损失危险，对未来某一个时间点，以固定的价格进行商品、股票、证券交易的保险性金融商品。

见到美国不动产市场的没落。从结果上来讲，设计这一方案的当事人拿走了10亿美元（1兆韩元）的收益。在这个过程中，高盛拿到了1500万美元的手续费。这是违法的，俨然是诈骗行为。最终，高盛被美国证券交易委员会提起诉讼，理由是金融诈骗，要求高盛支付5.5亿美元的赔偿金。

主导宽松金融政策和自由贸易、造成20兆美金以上的损失甚至导致金融危机的罪魁祸首，当属克林顿政府和布什政府的财政部部长。他们都是出身于华尔街的代表性投资银行——高盛的CEO。奥巴马政府的财务部部长也曾雇用高盛的说客作为自己的秘书室室长。这部电影强调了一个事实，不管是共和党还是民主党，每次选举都从华尔街获取巨额的选举资金作为支持。所以无论哪一个党执政，美国政府都会毫无疑问地成为“华尔街政府”。影片还力证金融危机之后，美国国民税金中10兆美元以上的金额又成为惊天主犯——高盛的复活资金。

值得注意的是，影片当中揭示的华尔街金融机构，打造了一个在任何情况中都不会遭受损失的牢固结构——根本不确认是否有还款能力就开发、贩卖金融衍生产品，哪怕不能回收债务，自己也能够从保险中得到补偿。但是对此投资的一般消费者却要为此承担损失。由次贷危机引发的相关投资银行与证券公司的破产，虽是美国国内事件，但是由此波及全世界，导致长期、大规模的经济不景气，使数亿人口变得更加贫困。

从历史上看，两极化的问题不是没有出现过，但是进入 21 世纪以来，在过去的 10 年间，两极化现象愈演愈烈。99% 的人，也就是所谓的失败者，找不到任何希望，这一点不能不引发忧虑。矛盾爆发的典型事件是 2011 年 10 月在纽约曼哈顿发生的“占领华尔街”示威游行。示威者们抗议不正当的世界级金融系统、金融权力过度集中以及越权等问题。示威活动迅速扩展开来，覆盖美国全境、亚洲、中南美、欧洲、大洋洲以及非洲的 1500 多个城市，一呼百应，声势浩大。就业岗位不足、看不到希望，日渐消沉的年轻人声讨造成这惨淡生活的元凶——金融机构的贪欲和资产分配的不平等。在欧洲，人们聚集在金融机构的中心——位于法兰克福的欧洲中央银行与横跨泰晤士河的伦

占领华尔街

敦证券交易所，遥相呼应。高喊着“我们是99%”的示威人群也出现在韩国的汝矣岛。他们来到金融监督院门前，控诉当局对储蓄银行不正当交易事件不作为，造成市民损失。被当时令人震惊的事实激怒的示威队伍高喊：“我们要坚决抵制金融资本主义的横暴！”

> 我们99%，被称之为“失败者”，但真正的失败者不就在华尔街吗？我们数千亿的美金被他们挥霍掉了。2008年的金融危机是他们投资失败造成的，而他们造成的损失和赤字却要我们来偿还！①

关于新自由主义和世界化的弊端，我们已经比几年前了解得多多了。为了社会整体的均衡与稳定，1930年，在美国大恐慌之后引入的许多机制和防护措施都被解禁、放宽之后，令人咋舌的巨大规模的金融舞弊事件接二连三地爆发出来。在这种情形之下，有人斥责：“没有限制的资本主义就是新的独裁。”少数人的所得以几何级数递增的时候，大多数人却和少数人享有的荣华渐行渐远。如此的不均衡，是拥护市场的绝对自由和拥护金融投机理念的产物。这种理念排斥守护共同利益任务的国家统治权。因此，无形的或是虚拟存在的新型独裁就出现了，它无情而单方面

---

① 斯拉沃热·齐泽克：Pressian网站，2011年10月13日。

要求他人遵循自己的法则。

进入 21 世纪以后，过去 10 多年间发生的灰暗颓败现象是我们人类前进路上的绊脚石。支付昂贵学费接受专门教育培养出来的人才，却在利用才智谋划这种惨淡的事件。人类难道真的没有希望了吗？不，希望肯定有。地球村的市场生态四处荒芜，但是就像在战场上出生的肥壮的婴儿一般，给我们带来安慰和勇气的充满希望的企业，仍然存在。我们处处可以看到他们在治愈经济发展的创伤，复原市场生态。

生机勃勃的企业

这样的例子颇多。作为资本主义市场经济体制的替代方案，尤其常被提到的合作社成功案例，有西班牙巴斯克地区的蒙德拉贡小镇。巴斯克地区的语言与西班牙语完全不同源，反倒和韩国语同属于黏着语。这一地区的人有着独立的文化与强烈的民族自豪感。为此，他们与西班牙中心地区的矛盾不断。在与纳粹勾结的独裁者佛朗哥总统（1892—1975）所实施的暴虐的地毯式轰炸之下，曾经拥有独立议会的格尔尼卡小镇最终遭到毁灭性破坏。由此，油画《格尔尼卡》在毕加索的画笔下成为不朽之作。合作社原本是为了摸索自力更生的重生、复苏之路，最早是由天主教神父何塞·玛丽亚·阿里斯门迪（Don Jos’e Maria Arizmendi，1915—1976）主导的。他到蒙德拉贡教区赴任，主导开展农村复苏运动，建立合作社。可后来，蒙德拉贡因内战而成为废墟，一片荒芜。

蒙德拉贡的合作社经济，始于一个只有 5 个工人的生产简单机械的小工厂。从合作运营共同体、社会责任、技术开发与革新以及劳动尊严和参与原则的角度上来说，该体制与腐败与怠惰的经济体制有一定的相似之处。但是作为一种更具有效能的经营模式，它已经在 60 多年的岁月里一步步地成长壮大了。它和克服了共有地悲剧的其他村落共同体也有很多相似之处，而经济学家奥斯特罗姆就曾研究过这些严格遵守自发性和共同性原则的村落。而今天，

巴勃罗·毕加索的名画《格尔尼卡》，1937 年

蒙德拉贡的合作社已经成为西班牙销售第七位、雇佣规模第三位的大企业，打入全球20多个国家的市场，业务领域不仅涉及80多个电子、机械尖端产业，还包括流通、金融等，是一个拥有200多个法人、8万雇员的超大型组织。但是在2008年的美国金融危机冲击下，连蒙德拉贡的代表企业——法格（Fagor）家用电器集团，也于2013年破产。最近访问韩国的蒙德拉贡大学校长伊图拉尔德，曾经对法格发表过这样的看法：

> 蒙德拉贡共同体不能算是理想的乌托邦，也不是奇迹般的模式。我们通过革新、教育、生产新产品，一路克服了不少困难。作为蒙德拉贡母体的法格的收入一度占到总体收入的70%，西班牙的大部分家电制品公司在1986年破产倒闭的时候，法格依然留存了下来。但是企业是和人一样的生命体，都在经历着出生、成长到死亡的过程。[①]

不管怎样，蒙德拉贡作为企业生态系统平衡的可持续性方案的探索与实践现场，被劳动者们称为“天堂”。因为在这个共同体内，遵循着一个老原则，那就是在经济萧条时期实行连带责任制，哪怕项目的整体规模缩小，也要创

① Pressian网站，2014年2月24日。

造更多的工作岗位，以保证不出现失业者。

这种政策与短期“利润的最大化”相距甚远。最重要的是，坚守对于企业存在理由的信仰与原则，在超过 60 年的时光里不断成长，钻研出的经营策略如若不能发挥功用，那么这套系统则可能导致共同灭亡。我们期待资本主义体制内开发出的合作社经济形式能够作为新自由主义的良药发挥应有的作用，能够通过多样形式的实践开花结果。

不一定非要坚守合作社原则。把创造“更好的社会”作为企业发展的旗帜性目标，通过多种方式去尝试创造性的解决方案，这样的案例也是无穷无尽的。比如，不少人尝试远离资本主义市场经济，避免不必要危害，努力建设一个“追求健康生命体的企业”。生产绿色环保产品是企业必须具备的美德。一个有趣的现象是，1970 年在欧洲和美国，有一些年轻人沉醉于非主流文化，他们陶醉于东洋哲学和宗教，反对西欧中心的理性主义，尤其反对越南战争。其中歌颂“爱情与和平”的嬉皮文化最具有代表性。他们寻找生活的出路，发挥企业家精神，尝试着这种试验。1976 年从自然主义开始，在化妆品界掀起了一阵旋风的英国品牌美体小铺（Body Shop）的创办人安妮塔·罗迪克（Anita Roddick，1942—2007）就是代表。从有机农场小铺起家，以公平贸易的方式，与第三世界原产地居民一起，发现了真正的共生之路，创办了德国有机食品公司——生命之树（Lebensbaum），这也是很好的范例。他们的成立、成长和多样大胆的尝试，都是在探索如何建立更和谐、更丰裕的市场生态系统。自此之后，不仅遵循生态主义路线，还遵循生态主义经营技巧的试验就遍地开花，不断地结出成功的果实。

觉醒的时代（Consciousness Age）

1980 年前后，欧洲实施绿色政治的同时，开始落实企业经营的所有准则。一切准则之上都加入可持续发展的原则以及适用环境保护的经营守则。根据生产领域的不同，还开发出同时实现生态理想和社会理想的多种技巧。这种经营模式占主导地位的德国，已经有 1000 多家达标的企业。尤其是 1984 年“环境经纪人联合会 B.A.U.M”[①] 成立后，德国一直在不断强化税收优惠等国家支援制度，同时共同致力于产品原料及能源的再利用等相关技术革新。令人感动的是，他们“通过自身去解决处于危机中的地球生态系统的各种问题”，此种公益性初衷也使劳动者同时追求了

---

① 2014 年迎来 30 周年的德国环境经济人协会（B.A.U.M. eV.，作一般名词时表示树木的意思）是很早就意识到环境问题重要性的温特（Georg Winter，1941—）在自家企业设立环境经营团队，建立可持续发展的基础守则并不断适用与完善，积极进行普及与推广的过程中建立的。本部设在汉堡“未来之家”的他们十分活跃，加之秉承“可持续经营”的专家越来越多，大家通过研究所在数十所大学携手继续开展活动。

自身的生活意义，成为他们自觉注重环保的契机。这种追求“共同善”的工作，不是通过一种上命下服的指示或是团队成员之间的竞争来实现的，所以普通企业的弊病如筒仓现象[1]难以出现。相反，怀着“地球村民”的共同体意识，从细小的事例当中学习自然的创造性并灵活运用在实际工作中的案例，不断地涌现出来。

可持续经营不仅仅在企业管理层面，还在产品设计、包装与流通以及在员工之间解决问题的过程中，通过前文所述的两条准则，发挥着不小的作用。例如，开发出员工持股制、与合作企业结成共同命运体的合作关系等。不是“别人拿走多少，就意味着我损失多少”的零和游戏，而是与自然呼吸、相互启发想象力和创造力、共荣共生的生态主义形式相同的教育项目。这种良性循环的合作项目，超越了劳资关系的相互理解与沟通，发展成为共存共生的合作体系，作为一种生命体来维护企业健康的坚实基础。在

---

① 筒仓（silo）原本指的是贮存粮食的圆筒形仓库，这里指组织内部之间的壁垒或是部门利己主义。即“因拥有独自的能力，与其他部门合作或是积极沟通的意向不足的现象，或指部门本身”。在一个鼓励绩效竞争的情势之下，很容易发生代表性恶性循环现象。

与生命之树绿茶种植村庄相互扶持

寻找地球生态系统解决对策的过程中，寻找夹缝市场的例子数不胜数。这是因为新潮流从欲望与消费的强迫观念当中解脱出来，追求精神的和谐与圆满，渴求意识觉醒，给市场生态系统中不断努力寻求出路的挑战，赋予了特别的意义与希望。

英国的未来学者罗素（Peter Russel，1946—）在著作《苏醒的地球大脑》[①]（韩译）（The Global Brain）当中，将假定美国第二、第三产业的从业者人数持平的1975年，也就是工厂劳动者和行政人员人数相近的这一时刻，拟定为

① Peter Russell,The Global Brain: The Awakening earth in a New Century, Rudolf Steiner Pr., 2008.

信息化时代的进入期。以此为依据，他提出农业革命以后数千年、产业革命以后数百年、信息化革命以后数十年间，意识革命在社会各个领域扩散的主张。

意识革命是继农业革命、产业革命、信息化革命之后的又一大趋势。这里指的并不是为了人的意识水平与精神的成长，地球村村民同心协力埋头修道，开始灵魂的进化，而是前面所提及的“生命的养分”的出处。事业领域中发生划时代的变化，在数百万年的岁月里，靠狩猎和采集获得生命养分的原始人类，在一定的区域安居乐业或游牧，这种全球性的巨大变化，依靠悠久的人类文明开始萌芽，

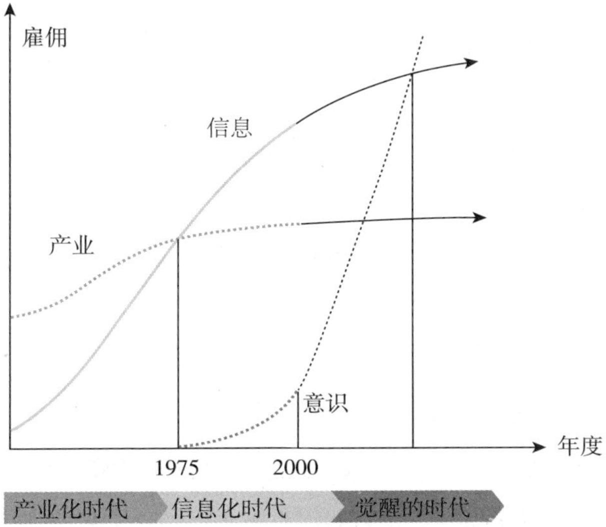

产业化时代 信息化时代 觉醒的时代

这被称为“农业革命”。

数千年之后，在农村已经无法维持生计的状况之下，农村人口逐渐涌向城市。也就是所谓产业革命的余波，使生产体制由家庭手工业水平上升到截然不同的大量生产体制，造成大规模的人口移动。在 20 世纪后半期，包括白领在内的服务业人员增加，导致第三产业从业人员的比率提高。计算机的出现使得与知识信息相关联的工作岗位激增，新形势的“生命滋养成分”获得供给的机会就产生了。

超越了物质，多样的思维与创造性的想法成为产业的材料。这种材料越用越多，取之不竭，这是一种非常有趣的现象。虽然称之为“意识革命”，实际上并不只是意识，还包括开启无意识世界的奇思幻想。这些以讲故事的方式编制的内容，已经在意识革命时代作为产业资源被广泛地利用。这虽然可以解释为教育程度急速提升引发的文化变动，但从市场生态系统的角度上来说，与知识信息产业相关联的“意识（consciousness）产业”会被拓展得更为广大。在不久的将来，将会被扩张至更大的规模。

说起意识产业，就会联想到瑜伽与冥想中心。对于华尔街人士缓解业绩与竞争带来的压力，摆脱身心俱疲的慢性亚健康状态，增加瑜伽与冥想中心看来非常必要。当然，这种表象的内涵本来就包含其中，但是想到人类意识的多样性，就可以对意识革命或是意识产业产生新的认识。假如我们以现代人为对象，将凡是能够为他们提供个人治愈、个人恢复以及幸福感的活动都归类为“意识产业”，那么与衣食住相关的所有产业，也都将在未来的日子里肩负起提供治愈、使人感动的责任，即使直到现在人们还未能认识到这些活动所具有的独特意义。这也就是所谓觉醒的时代。想要理解意识革命时代的真谛，就有必要以多样的视角审视正在进行中的文明变化的特性。

人类的意识有两个层面，一是机械模仿的片面性精神作用层面，一是像心灵感应和预知未来的梦等，能超越时空限制并与其他存在产生共鸣、发生信息交流的层面。西方传统把眼、耳、鼻、舌和皮肤看作“五感”，东方则把精神的范畴也包含在内理解，还添加了两个层面上的潜意识，共八个范畴来理解人类存在的意识机能。佛教悠久的传统“唯识论”认为，世上所有的事物都不过是我们“意识的投射”，这其中的第七层面就是自我以往的执着与烦恼源源不断涌现出来的潜意识层面。人际关系中的诸多矛盾就是根源于此。但是传说除掉这一层，吾和吾外的差别就会消失，就可以拥有大慈大悲的心境。今生与前生的精神性行为与肉体行为不断地累积，也就是所说的业障，在潜意识的底层，即第八层。我们根据心理的作用去再现或者消灭这种潜意识。潜意识的世界一旦被打开，虽然有时候会有神秘的体验，但沉迷于此的话有陷入迷惑的危险，这需要警惕和注意。

那么从结果上来说，人类所追求的治愈与恢复，也许是指这八层都能够得到舒适与放松。我们已经错位的身心碎片归回原位并重组，身心的不适都消失之时，才能够发挥效力。依据经验，这种知觉也是通过学习才能够获得。那有可能是恍然顿悟的大彻大悟，也有可能是模糊的意识或是好奇某一事实的一点点理解。很多时候在适者生存、弱肉强食的残酷现实里，卑微个体的虚华外表被剥离，让我们确认本然的位置。例如，在小事情上累积信任的过程中产生了感动，从频频失望的记忆中得到释放，蒙尘的创伤得到治愈。这样的治愈过程中，我们经常会感知到精神的成长与成熟的意义。现在是企业应当造福四方、面对不同的利害关系充当解毒剂角色的时代。试图努力遵守市场生态系统的可持续性的企业，应该非常积极地、欣然地参与到这种性质的活动中来。企业是社会的解毒剂角色！这究竟是怎样的涵义？

自觉的资本主义

按照最近流行的韩式表达，应该是“善良的资本主义”。这个说法有一层意思，就是指企业应当给包含消费者在内的利害双方带来感动，以提高资本主义市场生态系统的活力。在美国叫法不同，称之为“自觉资本主义”（conscious capitalism），同名书籍于 2013 年出版。[①] 英语 conscious 的翻译“醒着的”（韩译）与前面所提及的意识革命中的意识 consciousness 是一脉相通的。另外一层含义是“觉醒”，从意识到市场生态系统的本然特性，到揭示人类存在之深渊的努力，都包含在内。

欧洲社会在 200 多年前，把民众从无知愚昧中唤醒，赋予他们清醒地看待世界、做出判断并付诸实践的社会觉醒，即敦促民众新生为一个理性的存在个体，这种启蒙主义（Enlightenment）引发了近代的开始。与之相比，在整个社会和文化领域，谋求后现代的时代新风——启蒙主义，超越了理性，它包含一层涵义，就是把人类自身提升为启发感性与灵性潜力的成熟性个体。借用《自觉资本主义》的第一作者约翰·麦基（John Mackey，1954—）的描述，“小时候我们只知道自己，我需要的、我想要的能够满足就好。但是伴随着身心的成长、视野的开阔，我们会明白，我们为了家人、朋友、邻居和国家有很多要做的事。再随着视野的拓展，不仅仅是和我有直接关系的人、人类整体，不，我们可以满怀着对所有生命体的爱心伸出手”。这可以看作一种真正的觉醒。在此，约翰·麦基所强调的视野的拓展、身心的成长与成熟，是

---

① John Mackey · Raj Sisodia, Conscious Capitalism, Harvard Business Review, 2013.

《道德情操论》当中亚当·斯密假定的个人基本条件变化为一种社会化存在的意思。积极地参与洗刷掉人自身缺点的活动，用流行语说，就是重生为具有社会意识的、具有自觉的个人。

《自觉资本主义》的第一作者约翰·麦基

在这一过程中需要的灵性修炼，参与到我们所属社会的改善运动中，就会让地球生态系统变得更加和谐，并且潜意识中累积的业障也会消除，我们的灵性就会发挥出其存在的真正力量。

这就意味着具有自觉的个人可以通过参与企业活动，拯救地球共同体的命运。也许这听起来像是具有使命感的实践，其实这是为了我们的子孙后代而要解决的问题，是我们当代人所应当肩负起的任务。例如，节约能源与资源、革新性的再利用，都是所有企业应该合力解决的非常具体的任务。“在考虑能否承担预防气候变化的必要费用前，首先应该考虑是什么在阻挡着那些努力，谁在妨害、反对着这些努力。应该齐心合力应对气候变化，与那些怀疑、保守的势力作斗争。要支持那些能够说服国家领导人和政策责任人并付诸行动的科学家、经济学家、企业家们。”不久之前，联合国秘书长也强烈呼吁大家[①]参与这样的活动。这类活动指前文所述的、21世纪企业面临的可持续发展的新课题。该课题要超越人类需求，还要对人类有所触动。在亚当·斯密生活的时代，如果任何时候进店就可以买到面包、肉或者葡萄酒的话，这就足以让人喜悦；但如今情况发生了很大的变化，目前地球生态系统岌岌可危，不仅要让人类得到身心满足，同时，也要使地球能够可持续存在。只有为此积极行动的企业，才能使所有的利害关系人（stakeholders）都获得满足。正是在这个意义上，要重新强调企业在现代社会中的作用和力量。企业不仅具有实现人类伟大理想和多重欲望的强大可能性，还具有实践这种可能性的力量。

1978年约翰·麦基从德克萨斯奥斯汀的一个小小的副食店起步，一步步发展成为美国最大的有机农产品超市连锁店“全食超市”（whole Foods Market），现今担任理事会议长一职。该企业从1998年开始，连续被《财富》杂志选定为“最想就业的100家企业”。2006年《华尔街日报》

① 潘基文：博客·赫苏顿邮报，2014年9月3日。

开展的一项企业声望调查中，被评定为社会责任 CSR[①] 部门的第一名。这家企业在 2008 年金融危机以后的经济低迷期里，仍然以每年 10% 的增长速度发展，不仅在流通业，而且在全产业范围内成为新型企业的典范。通过经营有机产品而飞速发展，如今该企业的影响力强大到给美国联邦政府施压实行“转基因农产品标识制度”。他们刚一宣布 2018 年底以前将实行企业内部自主的 GMO 标识制，其他企业就纷纷效仿。

标榜自由主义市场经济的美国代表杂志《理由》（Reason），在 2005 年 10 月号中刊登了邀请约翰·麦基与米尔顿·弗里德曼（Milton Friedman，1912—2006）进行讨论的文章。约翰·麦基自称自由主义者（Libertarian），而米尔顿·弗里德曼是美国经济学中心芝加哥学派的领袖，1976 年诺贝尔经济学奖的获得者，被称为今天新自由主义的代言人。约翰·麦基陈述了自己充满热情的主张，关于企业存在的理由，双方表明了截然不同的观点。二人关于企业的社会责任展开的论争，成为比较美国大学中资本主义经济理论对立立场的著名论述文本。典型的自由放任主

---

① 企业的社会责任（Corporate Social Responsibility），即企业除了生产以及经营活动以外，环境经营、伦理经营、社会贡献等追求社会整体利益的活动，也导入通过世界标准化工作打分的机制。但是韩国有些企业中，它被用于违法、骗法、逃法后，成为逃避相对应的制裁而采取的障眼法。这种降低 CSR 本质性意义的情况时有发生，关于此内容将在 150 页进行详细的回顾。

义主张的信奉者弗里德曼认为，“资本主义社会，企业的责任永远都是股东利益的最大化”。而约翰·麦基则强烈主张：“人不吃就无法生存，企业如果没有利润就无法生存。但是人生存并不只是为了吃，企业也不能一心只追求利润。”[①] 约翰·麦基所表明的“自觉资本主义”立场并不是揭示企业的道德当为性，这点令人瞩目。

他还具体阐述了无视顾客满意度与职员幸福感，不能获得社区支持的“利润最大化”是不可能依靠自身的经验使企业获得持续性发展的观点。作为从不起眼的副食店起家，在30多年里没有经历过不景气，不断成长并创造崭新成功神话的企业家，这是他依据自身经验得出的经验之谈。如今已经成为世界知名人士的约翰·麦基，在采访和博客中通过强调“资本主义是必要恶，所以不是解体的对象，而是改善的对象”来阐释自己的企业哲学，提出了很多具体的对策与方案。约翰·麦基所整理的“自觉资本主义”和“自觉商务”（conscious business）的四条基本原则如下：

> 1. 企业具有实现远大理想的潜力。这一点可以超越金钱利益或股东价值最大化，自觉资本主义的第一条原则，是要认识到这样一个事实，企业具有超越股

① 参照《Reason》2005年10月号 http://reason.com/issues/october-2005。

东价值最大化的深远社会价值和深层的存在意义。

2. 在投资人以外，还存在其他重要的利害关系人。顾客与员工、合作公司，还有社区共同体以及环境都连接在一起，相互依存。资本主义是一种通过企业活动把这五大环节的利害关系人连接起来创造出资源共享价值的方式。

3. 企业要求独特的领导能力。觉醒的领导者具备服务精神，优先考虑企业的价值与使命，而不是个人的得失。觉醒的领导者不但会努力实现企业存在的理由，而且会寻找同时满足多重利害关系人的多样价值，最大限度地发挥企业潜在价值的方案。

4. 要在组织的内部，形成、支持并培养企业文化，找出这种企业文化存在的理由，使其有益于维护多重利害关系人的利益。如果没有共享自觉的文化，原则随时都会被动摇。

“自觉资本主义”如前所述可以归纳为四个要素：企业稳固不变的存在目的、企业相关联的利害关系人的共享价值、自觉的领导力以及包容以上的企业文化。在这里，利害关系人各自的立场会有不同，尤其是股东们的地位会有所下降。但是按照约翰·麦基的经验，他告诉我们，“自觉资本主义是一种长远的眼光，更加能够创造股东的价值，是利润最大化的最佳战略”。多重利害关系人的利益在长期内越稳固，越能够充分发挥协同效应，企业的远大理想才能够激发出雇员的献身精神、顾客的忠诚、合作企业的友好支援，才能够促进事业的不断发展和高水平的销售，从而最终获得利润。[①]

深受欢迎的企业

与约翰·麦基合著《自觉资本主义》的美国巴布森商学院拉吉西索迪亚教授（Raj Sisodia，1958—）研究了包括全食公司在内的那些分享价值并付诸实践的企业。让人惊异的是，这些企业不仅在实现“共同善”价值这一点上一致，在收益面上也是一致地出色。

在著书《受欢迎的企业》[②]中，他首先计算了从1996年开始到2006年10年间，S&P500指数[③]中收录的企业平均累计股票投资回报率是122%。而谷歌、Jetblue、UPS、

---

① Http：//www.youtube.com/watch?v=p7llwkLDNFU.

② 索迪亚在《受欢迎的企业》第一版中记载了1996年至2006年的资料，第二版里补充至2011年15年的资料，详细地说明了其变更事项。参见 Raj Sisodia, Firms of Endearment: How world-Class Companies Profit from Passion and Purpose, Peason FT Press, 2007；2nd edition,2014。

③ 国际信用评价机构。美国的标准普尔（Standard and Poors，简称S&P）与穆迪（Moody's）、惠誉国际（Fitch）一起，被称为世界三大信用评价机构。

Ebay、亚马逊、Costco、本田、强生、美国西南航空、星巴克、全食等“受欢迎的企业”在同一时期的累计投资回报率高达1026%，足足有8倍之多。在对比了“受欢迎的企业”的相同点之后，他得出结论，比其他东西更重要的不是“利润的最大化”，而是给围绕企业的各种利害关系者提供利益，追求更远大的目标。在此书的修订版当中，比较了“受欢迎的企业”与S&P500指数500强企业从1996年到2011年15年间伴随股价上升的累计投资回报率，“受欢迎的企业”的平均投资回报率是1646%，超过S&P500指数企业的平均值157%的10倍；几乎是吉姆·柯林斯（Jim Collins，1958—）在2001年出版的代表作《从优秀到卓越》（good to great）当中选定的11家“伟大企业”平均投资收益率177%的10倍这一惊人成绩。这个结果比初版当中1996—2006年的资料还要显示出更大的差距。2007—2011年发生的次贷危机事件引发了金融危机，之后持续不断的不景气里，这些公司反而发挥出更大的能量。

这就像约翰·麦基所说的，绝不只是动听的故事、很酷的哲学、道德性云云。首先树立企业明确的存在目标，然后要坚守，这才是提高企业生命力在市场生态系统内部维持可持续发展的最有效、最好的方法。关于这一点，西索迪亚教授提到“20世纪人类的智力水平不断攀升”的“弗林效应”：新西兰大学的政治学家弗林（James Flynn，

1934—）教授，1984 年测试美军部队志愿者 IQ 的结果，新兵的 IQ 每 10 年增长 3 分；1987 年此项调查扩展到 14 个国家，仍得到类似的结果。结果显示，IQ 增长领域集中在非语言和文化相关领域，这被解释为并不是基因的变化，而是教育与营养的改善和大众媒体的扩散带来的后天性影响。

西索迪亚教授强调，现代人的见闻越来越广博的同时，对企业的认识也越发深入，因而对于企业的期望值更高了。那些只想着赚钱而肆意破坏环境的企业，已经不能够获得消费者的青睐。这也就是说，企业自身的存在目标要从长远的角度设定并为此付出实践，才能够从利益捆绑的多重利害关系人那里，得到充分的支持。这样，作为市场生态系统的生命体在丰富自己生命价值的同时，也能够从经济上获得更大的收益。

与前人相比，不能说我们的智商进步了多少，如弗林分析中所揭示的，我们得益于今天能够获得海量的信息，人类对事物的认知已不可同日而语。中世纪欧洲的神学者们，对于女性是否具有灵魂这一命题，还进行了数百年的深入考察和长久讨论。这是知识和信息不足的缘故。我们的祖父祖母辈，还是通过 20 世纪初进入朝鲜的俄罗斯军人，才第一次接触到白人。起初还担心他们那不够黑的眼珠子是否能够看清楚这世界，现如今，这都是人人皆知的常识。详细的知识和信息也非常普及了，想知道的内容通过网络搜索就可以获得。可怜的百姓再也不会疑惑自己的性命与王公贵族的生命是否一样宝贵，人类的智慧大大进步。得益于18世纪欧洲启蒙主义产生的效果，人类变得聪明了，认知水平提高了，变不可能为可能的事件中，最具有代表性的要数法国市民革命了。前文“古典经济学的诞生”中提到，在法国《百科全书》1751年出版之后，法国市民对于事态物情的共有意识迅速传播开来，继而扩展为大众共识。市民的这种自觉与呐喊，迅速地发展成为市民革命。

在相同的历史浪潮中，想要“求生存、谋发展”的朝鲜祖先们，以温故而知新的精神，暗中摸索着光明的未来。他们继往开来，整理了“衣、食、住”所需的实用性知识，以不同的方式编纂了各类工具书。但是他们整理的知识，仅仅以手写本的形式流传，并没有成为印刷品，仅停留在个人事业的层面。与之相比，被世人称为横空出世的革命性的古腾堡印刷术，才是让西方人叹为观止的震撼性工具。虽然古代中国的很多技术领先于西欧，但是科学革命并没有在中国进行。虽然我们祖先的印刷术领先于西方多年，出版革命也没有在高丽或者朝鲜进行。这到底是什么原因呢？

与其说法国《百科全书》引发的旋风是得益于当时新知识的普及，不如说是当时活跃的出版业者的功劳。过去是完全无法想象今天的数字出版时代的，印刷不但要制作

法国《百科全书》铜板封面，1772 年

活字字模、刻印到纸张，大规模出版还需要花费巨额资金，这一切的实现，都是因为亚当·斯密称之为法兰西的“机灵的”出版业者。他们在制作出版初期，曾预计销售 1500 套，便可以维持收支平衡，继而开始接受订单。但最终共收到 4000 套订单。1751 年第一卷出版之后，魁奈等各领域专家向热情高涨的知识分子——青年狄德罗和达朗贝尔，提供了与经济有关的 14 个项目的书稿。魁奈和专家们选定适当的项目进行执笔、统稿后，于 1765 年出版了之后的 17 卷。在这期间连续出版了 11 卷插图本，1772 年最后一卷——第 28 卷问世。直到 1789 年市民革命为止，一共六次印刷，共售出 2.5 万套。对于当时的出版业者来说，可谓是大获成功。[①] 主导此工作的达朗贝尔在《百科全书》的序言中这样写道：

> 我们开展的，而且希望能够顺利结束的这个项目，主要有两个目的：把广泛传播的知识汇聚在一起，揭示其中的关联性并建立一个普遍性的体系；制作一个能够查找过去数百年累积的科学知识和技术知识的参考书，传播给人类。[②]

---

① Robert darnton, The Business of Enlightenment: Publishing History of the Encyclopedia, Harvard Univ. Press, 1987.

② Encyclopédie, ou dictionnaire raisonné des sciences, des arts et des métiers 1728.

正如亚当·斯密说明的一样，这是追求自身利益的生产者与渴求知识的消费者，以及为插图努力的画家和铜版技师等这些利害当事人，齐心协力共同参与到这项事业中的伟大结果。但是这项事业之初，并不是为了金钱利益，而是本着想要把大众从蒙昧无知中解救出来的初衷，是启蒙主义实践家迫切而坚定的信念的体现。

企业就是可以如此存在，通过多种方式创造价值，给顾客和社会带来益处。按亚当·斯密的话来讲，企业哪怕是忠于自身利益，顾客与社会也能够享受到益处。顾客与社会还会返还给企业利润，这就形成一个良性循环。超越印刷革命的数字革命如火如荼进行的今天，人类的认知已经大幅度地进化提升，知识也不再仅仅局限于象牙塔内。在具有高深专业背景的高级知识分子之外，还出现了熟知各种日常琐碎领域的实用知识的人。在网络上分享的维基网络版百科全书，打破了人与机械、人与人之间的界限。机械与机械，所有的事物之间，可以通过互联网进行沟通的物联网（internet of things，简写为 IOT）时代即将到来。这是信息时代辉煌的成就。但与此同时，副作用也会以新的方式出现。如果我们不能够自觉认识到我们应当承担的责任，那么需要克服的难题会更多，需要更加努力，我们陷入迷茫的可能性也就更大。

伴随信息通信技术的发展，市场与社会对企业的水平也提出更高的要求。与之相矛盾的是，在新自由主义和世界化的旗帜下，各种舞弊与道德的松懈，削弱了市场原本具有的喜庆且充满希望的意味。重振市场生态系统活力的基础——资本主义，还被当作当今市场生态系统所患痼疾的元凶。这里的问题与其说是资本主义本身，毋宁说是一些企业、金融机构和政策制定者坏了事：一部分企业破坏市场生态系统的多样性，严重降低了市场活力；一些金融机构垄断和独占各种资源；一些政策制定者不履行适当的监管职责。市场经济与英国的产业革命或是亚当·斯密的《国富论》无关，是所有文明中共同出现的提升人类整体生活质量的核心社会制度。僵化的计划经济体制之所以崩溃解体，就是在反证市场的重要性。

企业的社会责任

在本节将重点说明，企业从本质上来讲，是一个社会性的存在。只有在市场这一生态系统中，才能够生存和发展。通过如上“利润的悖论”所述，依附于市场生态系统给社会带来福利，这是企业的存在理由。在追求利润之外，企业的存在理由越分明，就越能够焕发出生机勃勃的活力。再次强调，市场生态系统的繁盛是通过多样性实现的，只要不放弃人类的繁荣，那么市场生态系统就是我们绝不能够放弃的生活基础。因此，企业激烈地竞争、追求事业成功的同时，不能放下对于市场生态系统健康性的关注。这与企业自身的存在密切相关，也是确保企业可持续发展的基础。

从企业立场看来，最重要的莫过于市场能够正常运转。但这仅依靠个别企业的努力是不够的。关键在于政府的完全履责。[①] 过去专制主义政府时期，曾经犯过国家过度管制导致副作用出现的过错。从本质上来讲，强制企业搞活市场生态系统、忠实于给顾客带来福利这一目的进行遵纪守法经营，是政府的责任与义务。几年前开始，出现了“权力已经移交到了市场”这一主张。我认为这种看法的错误在于忽视了政府的根本性职责——维护基于公正性的公共性。

我们再来深入谈一谈前面提及的“企业的社会责任”。有些企业平日里一心埋头于追求利润，出现问题就巨额赔偿，然后公开宣称自己尽到了所谓的企业社会责任，这样的例子我们并不陌生。这是在歪曲和亵渎企业社会贡献的本来意义。部分企业干着钻法律空子、逃避法律责任的违法犯罪勾当的同时，操控舆论、混淆视听，打着逃避刑事制裁的如意算盘，拿出上百亿甚至上千亿元的资金表面

① 此部分是依据 2013 年 7 月 2 日社团法人“市民”的创立纪念论坛上发表的“朴槿惠政府与市民社会的活性化”一文整理修改的内容。

做慈善，背地里满足私欲，还把这种行为包装成对社会做贡献。希望这样的事情不要再发生。企业不应该用这样的手法欺世盗名，而是应该全力以赴打造符合企业本来存在目的的经营体系，走一条稳健之路，给顾客和所有利害当事人带来真正的利益。这本身就是在尽一个企业的社会责任。

再次强调，为了维护市场的正常运转，政府应当确保基于公正性的公共性。这既是比任何时候都重要的政府职责，也是与新自由主义外部压力对抗的最有效方法。这种压力表现在破坏市场生态系统多样性、降低韩国经济活力、造成萧条等方面。政府应该在企业的经营过程中确保公平竞争和人权保护，不间断地发挥行政强制力。这是与企业社会责任相对应的政府社会职责（Governmental Social Responsibility，简写为 GSR），也符合奥斯特罗姆提出的坚守数百年的经济共同体基本特性。首先需要创造这样的条件，使市场机能正常发挥，企业才能发挥活力积极创业投资。

监察政府和企业是否忠实于自身的职责，必要时进行批判和质疑，这是学术界、舆论界和社会团体的责任。动不动就要求企业捐款，年末年初强制慈善，要求做出社会贡献的行为，其实是在歪曲本质。我所接触的市民团体，大都满怀正义感和献身精神，怀着崇高的理想，致力于提高社会公共性和公正性。但仍让人惋惜的是，相当一部分市民活动家，对市场和企业仍抱有偏见。

回顾我的青年时期，也曾盲目地认为，市场就是小商小贩甚至是江湖骗子的世界，而企业则是不择手段追逐利润的团体。公司成员不是为了自身安危什么都可以做的行尸走肉，就是备受剥削与压榨的劳动者。所以在美国留学时期，我也一直关注劳资关系，对于市场经济与企业经营并没有多大兴趣。但是在研究生学习期间，涉猎多种领域后，我关注到市场活力，开始对企业经营的革新活动产生兴趣。那些不择手段拼命赚钱的商人，与本书中所提及企业的最大区别是，他们的想法是否具有可持续发展之认识并以此为前提。共同体之中，对其他成员没有益处，只顾自身可持续发展的个人或制度是不存在的。企业，是从无到有、创造实际价值与利润的社会重要组成部分。看看我们的周边就可以知道，不能够提供好的商品、好的服务和优惠的价格，企业会立刻受到市场制裁或被迫退出。它不像学校、公共机关、宗教团体那样，每几年进行一次检查，经审查合格就能保障一定的任期。事实上，企业是最正直和灵活的组织。当然，企业作为社会的一部分，如果不接受一定的牵制与批判，有可能与其他势力勾结，谋求一己私利。因此，一些企业扰乱市场生态秩序、影响法律和制度、妨害市场公平交易，为了维护市场生态系统的健康，市民团体应该毫不留情地给与他们批判与问责。

市民团体受到社会成员的尊敬，具有社会影响力，从根本上说是因为具有道德优越性。但是如若固执己见，可能导致无意中冷落市民、分化社会的结局。为了防止这种错误的发生，需要经常自我省察。我们可以对不正当现象感到愤怒，但还是应该学会不要憎恶。在此，我们应该重温这一警句：“革命、革新是在边缘和非主流处发生的。但只有在放下了对中心、主流的那种虚妄的自卑与羡慕时，才成为可能。”

我们都被联结在一起，个人的力量不可能有所成就。在个人都已经觉醒的当今，更应是如此。那么谁来做恢复市场生态秩序的领头羊？答案肯定是各个领域的领袖们。那么，让我们一起来探讨一下这个时代的真正领导者和领导力吧。

领导者与领导能力

不论是政府等庞大组织、学校与企业，还是宗教或市民团体，领导者的重要性怎么强调都不为过。我们常说人事就是万事，能否知人善任，决定一个组织的成败。手握这种决定权的人就是领导者，这也意味着一个组织的命运就掌握在此人的手里。更何况，企业具有学校和政府组织无法比拟的灵活性。在市场生态系统中，实现自身存在价值的同时，不停地接受对可持续发展的考验与审判，因此在企业内部，领导能力的重要性自不必说。企业领导者如果埋头于短期的利益，就容易失去长期的、可持续发展的方向；反之，则意味着眼前的短期业绩下降。这是一个两难的问题。那么，这两个相互矛盾的课题究竟应该如何解决？现实不允许二选一，我们需要能同时实现这两种目标的领导能力。在矛盾的两种价值共存的文明转换期里，这不仅仅是企业领导者的难题，也是一般人在日常生活里常常会遇到的难题。

在此，拿出创造性的对策，是赋予领导者的课题。需要从长远的角度来看待现在。所以，关于领导能力的理论与书籍有那么多，但卓越的领导能力，一个真正的领导人的信念，并不是通过阅读几本书或是通过短期的训练就可以获得的，而是需要全身心投入并为此付出艰辛的努力，才能够真正实现。

领导能力意味着引领一个组织的领导者的力量。因为这是关于人的事情，当然与我们的理性、感性还有灵性层面的成长及成熟过程有密切关系。准确把握现场情况才能指挥，所以领导者需要具备企业经营相关的专业能力。也就是需要在认知能力的基础之上，具备对于团队成员以及利害关系人的共感能力。在感性领域能力不足的人，常会因为沟通方面的问题，不能使组织有效率地运转。当然，还有一个不可或缺的要素就是，追求人的本性与价值的领导者的灵性。它能够省察组织的存在理由，能够成为我们实现理想路上的坐标。具备了以上三项能力的领导者，就拥有了权威（authority）。在此，明确地领悟权威的概念是非常重要的。

我们有一种把权威当作否定意义来使用的倾向。最近我为一本译作写了序文。该书的作者认为，所谓权威是以“知识和行动的坚实基础”去激发部下，使他们能够以自己的双脚立足的力量。[①] 想要维持这种权威，一定要有与之相配的责任感和韧性。这是作为领导者需要具备的美德。领导者的真正作用，其实是把自己作为工具，帮助每一个成员成为领导者。

前文中约翰·麦基提出的自觉资本主义的四项原则，其一是企业要有“仆人式领导能力”（servant leadership），不能有私心。重视企业价值与使命的仆人式领导者、拥有自觉的领导者，不但为实现企业的存在理由而努力，还会尽最大努力寻找到平衡利害关系人多重利益的方法，即不仅对于直属上司和CEO忠诚，还忠于顾客和所有的利害关系人。以韩国的传统价值观来看，就是“基于‘忠’的领导能力”。不久前上映的电影《鸣梁海战》，票房达到了1350亿韩元，影片中李舜臣（1545—1598）忍受上司宣祖的逼迫和羞辱，战胜同事和部下的谋反与背叛，大喝一声

① Fridtjof 等:《天主教的大转换》，Kim Jaehui 译，对话文化研究，2014年版。

“凡将帅者就要尽忠，但不是忠于君而是忠于民”。19世纪末，朝鲜半岛一度陷入社会与文化的大混乱，当时忠于百姓的将帅就是遵从天义的领导者。我相信真正的领导者不是“因为”（because）而是“到达”（arrive），尽管他不在乎领导地位，是处于“不愿意”（despite）阶段的人。忠武公李舜臣就是这种领导能力的典范。

被称为朝鲜时代第一圣君的世宗，以其卓越的领导能力给我们带来感动。在继位初期，因为其父的恣意妄行而造成朝廷的血雨腥风，使得很多卓越的人才不愿意出仕。但是被世界教科文组织收录为世界文化遗产的《朝鲜王朝实录》中，我们可以确认，世宗以他卓越的领导能力，在很短的时间内，使得人才纷至沓来，汇聚一堂。后来人才济济，善政的文人与能武的将才都希望能够出仕，为朝廷出力，希望能够广开用人之路。①

并且我们通过当时辅佐世宗的三大宰相的言行，可以领略到世宗的领导能力。这三大宰相即和黄喜（1363—1452）、孟思诚（1360—1438）、许稠（1369—1439）。三大宰相和臣子们都能够欣然而自觉地为朝政出力，足见世宗的领导能力。

① 《朝鲜王朝实录·世宗实录》1432年（世宗十四年）2月7日记事1摘编。

生于太平，卒于太平，仰首看天，俯首看地。浩然无愧。……遇见圣主，谏言即行，虚心纳谏，死而无憾。

这天其兄许周来，稠在欣然微笑，他的夫人进来也是如此。其子诩在身旁，也是笑看其子不语。随后稠离世，享年71岁。①

前文提及的宣祖在朝鲜的历代王中，属于最不具备领导能力的王。栗谷李珥在国力疲敝、王不思政、几易宰相的情势之下，实在忍无可忍，向王进谏：

王如果想要任用贤明的人才，首先要修身。王自身不首先修养身心的话，就不能任用贤才，朝廷只会汇聚一些追金逐利之徒。正因为此，修身养性是任用贤才的根本。②

身为臣子，居然敢于向王直言上谏而不受到任何惩戒，从这个角度上来说，朝鲜时代的言论自由比现今时代的社会水平要高。在此，栗谷强调的是领导者具有自我省察能力的重要性。

---

① 《朝鲜王朝实录》《世宗实录》1439年（世宗二十一年）12月18日记事1摘编。

② 李珥:《石潭日记（上卷）》（1575年），Sol出版社1998年版。

真正意义上的领导者不是在前方引领他人的人，而是要把自己作为工具，帮助每个人发挥自身所长，使他们成为自己生活的主人。运营一个组织，当然需要一些方针和惩戒规范，但是仅靠此是不能够获得可持续的发展成果的。只有组织当中每个成员个人的价值、尊严和成熟得到认可，我们才可以期待这个组织取得基于自发性的持续性成果。

关于真正的领导能力的定义，让我眼前一亮的论述是加利福尼亚圣何塞州立大学哲学教授克斯坦鲍姆（Peter Koestenbaum，1928—）的观点。他指出，领导者就是“针对相互矛盾的多个问题给出创造性的解决方案，并站在未来的角度上看现在的人”。“热情的种子谁都有，但是并不都能得到发芽的机会。能够激活并使热情发芽、开花、结果的那个人，就是领导者。”① 真正的领导者能使成员明白自身价值，能够赋予他们热情工作的动机。在这一过程中，领导者必须要自觉地成为工具。为了组织中其他成员的成长，自己却成为工具，成为能够熟练使用“我”这一工具的名匠，恐怕是我们的人生中最难的课题。匠人们能够自由自在地使用工具，制作出能演奏美妙声音的乐器；同样的，要把自己作为工具，把其他人打造成为能力出众的领导者，首先就应该十分了解自身，即“我”，并且能够熟练

① Peter Koestenbaum, Leadership: The Inner Side of Greatness, A Philosophy for Leaders, Jossey-Bass; 2 edition, 2002.

地使用。这一过程就是成为真正领导者的过程。这意味着精神上的成长和灵性上的成熟。但是人的成长和成熟是通过不断的省察直至死亡才能实现的。人生的旅途上，若无缘遇到能把自己培养成为真正领导者的伯乐的话，这个工作就变成“我”分内的事情，只好由“我”自己把自己培养成为领导者了。山不自来，该如何？我去也！

那么下一节里，将探讨如何在21世纪——这一混沌的时代当中成长为真正的领导者，先决条件就是“寻找自我”。我们将从多个角度思考“我”:“我”是什么样的面貌？处在什么位置？从而找寻到成长为真正领导者的方法。

年少懵懂，满怀梦想的时节，
我的梦想是改变这世界。
人生漫漫，感知世界，
逐渐明白改变世界实属不易。
于是我缩小眼界，决心只改变祖国。
可这也并非易事。
人近黄昏，最后的渴求，
满足于改变我和我的家人。
啊！可是一切都没变。
如今，临死之前我才顿悟——
如果首先改变自己的话，
眼前所见的我的家人也许会改变。

也许家人的变化带来影响，使我的国家变成更美好的地方。

谁知道呢，也许改变了整个世界……

威斯敏斯特寺院地下墓地某圣公会主教墓志铭

（A.D1100）

人

如果无视个人能力与成果的差异，企业的效率就会相应地降低，会在竞争中落后。这就是“市场作用原理”的环境要素。企业要适应于此，要认可劳动者的机能性不平等。不是人的不平等，而是“机能性不平等”。这是在强调企业这一特殊组织在运营过程中，如果不导入基于机能性不平等的成果主义，就会遭到淘汰。反之，在存在论的层面上，人都是有尊严的平等的存在。企业里绩效高、得到好评的人，就一定比绩效低的人做人更优秀吗？我们每个人都有在人格上一步步成长、成熟的使命。整个宇宙在很长的岁月里孕育了“我”的出生，把“我”降生在世界上，期待和鼓励着“我”的成长。

学习的喜悦

对我来说人生就是学习，学习是成长与变化的基础。回首过去可以发现，所有的事情都是从具体的经验开始才能够真正学有所成。韩国语当中，“学习”这个词有在布料或是纸张上浸染、渗透、浸湿的涵义。知识也是一样，并不是折叠塞进脑子里，而是进入身心，熟练成为习惯。英语表示学习含义的 learn，动词的语源是印欧语系中的 leis，它的意思是按照痕迹找路。德语中这个词以“学”（lernen）和“教”（lehren）分别表述。东亚文化圈中的经典著作《礼记》中，记述有“教学相长”，教和学一起帮助我们成长；所以向别人传授知识的同时，也是学习该知识最好的方法。“学习”本不是一项功能性的事情。它是寻找生活意义的过程，也可以说是生活本身。

我生活的维生素，也是与学习有关的一条格言——“知识孕育热情”（Knowledge breeds Enthusiasm）。这是我的博士论文指导教授——明尼苏达大学的约翰·福瑟姆博士曾经强调的一句话。法国人也常说“越有越想有”（L’appétit vient en mangeant’），开始对未知世界的准确理解才能够有热情。热情是生活的活力，有活力才会产生想要做出一番成绩的欲望。时至今日，这条格言我仍然牢记于心。每当有要做的事情却一直懒惰推脱的时候，我就会立刻重复这句话。福瑟姆教授是在以下语境下说出这句话的。

我本科的专业是经济学，大学一年级的第一学期第一次接触经济学原理的时候，我感到非常新奇和惊喜并且认真学习，但是不久就生厌了。我所感到的兴趣与厌烦，和我的爱好不无关系，也与现代经济学的特性有紧密的联系。如前所述，新古典经济学深受推崇机械论理性主义、自由放任主义的哈耶克与弗里德曼的影响，新古典经济学通过数学方法对基于需求与供给关系的价格理论进行有效的模型化，并通过价值中立和实证分析，成为理解经济的一种方法。第一次接触的时候，我觉得非常精炼、有效，“原来还有如此新奇的方法”，当时的兴奋难以言表。但是过了不久，我就对充斥着缺少人情味的图表与公式，对分析变数与说明数值的工作感到无趣。大学时代的剩余时光里，我远离自己的专业，张望着历史、哲学和文学课堂，寻找那鲜活的人情温暖。俄亥俄州立大学开始的硕士课程，学习的也是相同的专业，但比起韩国的课程设置更加自由，选课范围也更加宽松，引导学生用包括社会学与心理学的开阔视野去了解事物的氛围，目的在于培养学生从更加社会化、深层次、开放性的视角去了解经济学和经营学的全貌。

结束了硕士学习，我开始了在明尼苏达大学（University of Minnesota）的博士课程。这里的氛围又是迥然不同的。重视学问传统的明尼苏达大学，对于劳资关系和人事管理领域的学习，要求从基础课程开始学起，那么必修科目就非常多了，仅仅是计量经济学、计量心理学、劳动经济学、线性代数等基础科目，就已经数量可观。我原以为只要学习我喜欢的劳资关系相关的交涉理论等科目即可，现在要学这么多课，这让我一时之间非常困惑。如此说来，在开始博士论文的4年时间里，我需要学习与采用教育训练、组织管理、赔偿等人事管理领域里细分的四五个领域的知识，还有那些完全在我兴趣之外的科目。我甚至一度怀疑自己是不是选错了学校。就在此时，约翰·福瑟姆教授告诉我，“知识孕育热情”。大家都认为要先有热情才能学好，但是福瑟姆教授的看法正相反。只有了解并了解到位了，才会伴随热情和关注。他让我抛下偏见努力学习。

在老师的帮助之下，我的经验也一再验证“原来真的如此！”这句话。这句话成为我设计人生、调节生活的要领和秘诀。现在想来，都觉得是莫大的幸运。如若不是当初在明尼苏达大学对于人事管理进行全盘细致的学习，没有对劳动经济学、计量经济学、计量心理学等进行深入的研究，也不会有今天我对于研究课题的把握，更不会明白其重要性。所以我也想要劝诫大家，不要只顾眼前自己想做的事，时常眼观六路、耳听八方，关注周围世界的变化，而且是细致观察和深入思考。这是因为，人不能只靠自己的关注范围成长进步。虽不是我目前感兴趣的，也并不能让我心动，但是与我相关的话，还是尝试为好。年轻人尤其如此。全身心投入最好。全身心投入才能够灵光闪现："啊，原来这些事物是联系在一起的呀，这也是需要的。"在这一过程当中，我们的理性与感性会相互交融，热情就会迸发，会感到学习的真谛。

关于人的理解

通过学习我们可以锻炼思维，得到的结论又会成为我们生活中宝贵的东西。烦恼的根源或者说问题意识的开端，自然是各不相同，但对于人的理解是我们认识世界的基础素养，是理解人生的本质和真谛。但对于人的关注，却要通过对自身的了解才能够真正开始。把"我"排除在外，客观地研究其他人是不可能的。人不是西方中世纪神学中假定的那个的全知全能、无所不在的创造主，也不可能拥有无所不知、无所不能、无所不在的全知性视角。正确地看到自身的经历与问题，在成长过程中所遭受的纠结、挫折与压力，以正能量的方式去舒解掉它们，在这一过程中，会更加理解和同情其他人，人也会更加亲和柔软。广义来说，这是人在经历了一系列曲折之后，人格日渐完善和成熟的过程。当然，每个人的具体情况都因具体情境而不尽相同。

这一过程有可能是从小就开始了。但对于我来说，是由一个事件引发的。20 世纪 60 年代就在平和市场做裁缝的青年全泰一，在 1970 年的自焚事件（时年 22 岁）给我带来的冲击便成了这个契机。全泰一的事迹因赵英来律师的《全泰一评传》而得以流传于世；现如今，还专门为小学生们编辑了青少年版本，成了连孩子们都知道的故事。全泰一自焚事件是在我高中一年级的时候发生的，但我却是在大学入学后才知情。这其中有舆论管制的缘故，但主要还是因为我年轻无知。大学入学后，我对于自己的专业——经济学和辅修课程逐渐失去兴趣，却对历史和哲学以及文学兴趣大发。人文教养给我饥渴的灵魂带来了抚慰，点燃了我对这个世界的热情。但是了解了社会上的一些悲惨事件以后，我变得不堪承受生命的压抑和沉重的负荷。当时虽然已经有保障劳动者最低权利的《劳动基准法》，但是 70 年代的韩国人甚至都不知道有这部法律的存在。受困于劳动力市场现状的人们，在恶劣的环境之下，都不知道该如何伸张自己的权益。我虽然通过全泰一才了解到这样的社会现实，但于事无补，我对自己的无能为力感到的愤怒，在大学期间一直困扰着我。一天工作16个小时，顾不上吃饭，累得直不起腰还得工作的清溪川劳动者、农民或公司职员，他们也都是人……我们为什么会如此慢待其他人？如是，这样一个平凡又日常的问题意识，就在我的心中发了芽。

全泰一提出举办焚烧《劳动基准法》的活动时，会员们一脸惊讶的表情。这天的聚会上，大家约定准备示威游行时悬挂的条幅由全泰一等三人负责。

“那天我会站到桌子上，大声朗读《劳动基准法》里的重要条文。然后我会呼喊‘这样的条文有什么用？这种不被执行、徒有其表的法律就应该给它施与火刑！’然后大家就带头呼喊口号，引导示威群众一起参与，再把汽油泼到这本书上进行火刑。”

……但是11月13日，全泰一不仅烧了《劳动基准法》，还连自己的身体也一起烧了。……那时的全泰一，能够选择的只有牺牲自己的身体。因此，咸锡宪评价说，青年全泰一的死亡，是可以“和钉死在十字架的耶稣的伟大牺牲比肩”，他的正义之死，成为韩国劳动运动的基石。全泰一在日记里曾写道：“抛弃我、杀死我后将离去，……无辜的生命正在枯萎的此刻，我愿意为了成为一滴露珠而奋力一搏。”这仿佛是安重根在刺杀伊藤博文时，独立运动战士赤手空拳抵抗武装到牙齿的日本军时的决心。全泰一是通过牺牲自己，与践踏人的尊严、把贫穷的劳动者不当人看而是当作机器使用的富人和权力阶层英勇作战。

《清溪川劳动者与全泰一》，Junior KimYoungsa，2012

韩国式浪漫主义

社会现实的惨淡激发出人心里想要改变现状的郁愤。当时作为社会受惠阶层的大学生，具有应该肩负起这一份社会责任的负债意识。我与组织抗拒军事独裁而示威游行的前辈和朋友们打成一片，担负起赋予我的很小的职责，就是我当时所能做的全部。当时随处弥漫着这种虽然属于运动圈，但是带有浪漫主义氛围的青年文化、抵抗文化。

20 世纪 70 年代韩国大学中浪漫主义盛行。19 世纪中叶在欧洲兴起的浪漫主义（romanticism），是当初大肆进行产业化所带来的后遗症引起的反作用。例如，在英国浪漫主义的主体是反对产业革命和重商主义，憎恶社会分裂和利己主义，想要克服这些问题，崇尚传统共同体复活的艺术家们展开了各种各样的活动。由数十个大公国组成的德国，没有采用知识阶层使用的拉丁语、希腊语或是法语，而是采用蒙昧大众的口语、母语来采录民间故事，模糊之中培养了“我们的就是好的！”这样一种民族自觉。这样一种自我肯定的青年文化独立过程，是一场疾风怒涛式的大变革。这种现象在韩国是以一个同时多发的方式进行的。欧洲最少进行了百余年的产业化与近代化，但在韩国社会却进行了压缩式的急速发展。在这一时期，大学中出现了假面舞社团，也出现了一度以各种理由被贴上禁曲标签的大众歌谣遍地开花的现象。C'est Si Bon 组合的甜美和音与金民基的抒情性浓郁叛逆歌曲，成为当时穷苦青年的宝贵精神食粮。但在维新时期，对于青年们的制裁与惩戒，铸成了时代性的疯狂。前辈和朋友接二连三被带走拘禁或被学校开除学籍，这些带给我的冲击与愤怒，成为我理不断的痛苦与负罪感。

当时我们以为这是殖民地、朝鲜战争以及穷困等因素的恶性循环。这一连串的混乱与不幸酿成我们特有的境遇。其实这是井底之蛙对外面世界变化的无知所造成的。回顾过去，那个时代不仅仅是在 20 世纪受到帝国主义的残暴统治、充当牺牲羊的穷苦国家，连走在世界前列的先进国里，也在开展以大学为中心的精神革命。尤其是从 1968 年开始，欧洲大学对父母与老师进行的指责——“600 万犹太人牺牲的时候，你们都在哪儿？做什么了？”这代际的对立与矛盾，不可逆转地恶化，激发相互之间的苦痛与愤怒。他们倾诉出沉默了数百年、数千年的家族暴力与受害经历，社会各处都沉浸在泪水之中。并且那个时代本该关照个人与社会的精神成长的传统宗教，还完全不能够适应这一新的需求。如此，起源于东方的身心修炼法以及个人与团体的座谈，开始流行。人们尝试自我省察，任何物理性的力量都比不过灵魂的力量强大，这样一种信念已经形成。

美苏两大国的"冷战"，对立、矛盾逐渐激化，至核武器的储备竞争，歌颂"花的力量"的反核和平运动就开展起来。反对继续以战争解决问题的反战运动也蓬勃兴起。

始于欧洲和北美的文化运动全盘否定了传统价值观。探索新的生活方式、被称为386世代的他们开展的泛社会性抵抗就与此相似。但是欧洲和北美却比韩国早了20年。甘地领导的"非暴力抵抗"运动引起社会反响之后，正是在1974年、我大学二年级的时候，葡萄牙的康乃馨革命开创了人类神圣伟大的新纪元。但这对大韩民国来说却是十分遥远的事情。维新这一暴政日渐强化，朋友们都消失不见的校园里，我们也不能随意微笑。从监狱出来的朋友也不能复学，只能迫于生计四处奔波。这如何能精彩设计自己的人生？直至所有的难题和无穷的矛盾被解决，一切才能实现。我们当时只能保留着一切美好的愿望。我一天天地变得真挚与深刻。

康乃馨革命

葡萄牙18世纪在中南美殖民地搜刮了无数的金银和财

富，多到甚至导致国内的经济体系被破坏。1932 年至 1974 年处于“新国家 Estado Novo”独裁政权的统治之下，国家根基日益晃动。曾是科英布拉大学经济学教授的萨拉查，模仿墨索里尼的政策，培养了一批政权刽子手角色的秘密警察，镇压工人运动与社会主义，维持了 40 年的暴政。曾是殖民地的安哥拉和莫桑比克等非洲国家，在苏联和古巴的支援下，不断开展独立运动；而葡萄牙则不断派遣驻军镇压，继而造成本国经济的急速衰退。萨拉查虽然在 1970 年因病死亡，但是他的继任者仍旧镇压殖民地独立运动，仍旧不能去掉“世界最后的殖民帝国”这一标签。长期的集权统治造成腐败，军费带来的慢性通货膨胀以及严重的财政困难，引发了民众对于仍不放弃殖民地的政权严重不满。在国内外舆论的帮助之下，葡萄牙“左”派青年将校军官准备了政变。

1974 年 4 月 25 日，首都里斯本的天主教“复兴电台”播出《黑红的村庄》(Grândola，vila morena)。[①] 收到此讯号的政变军队快速占领里斯本要地，宣布独裁政权垮台。走上街头的市民彻夜欢歌，拥护军人出动，继续静坐示威。受命镇压政变的政府军下级军官们不忍造成流血事

---

① 《黑红的村庄》，系有葡萄牙金民基之称的塞卡阿方索作词、作曲的歌曲，于 1972 年在西班牙圣地亚哥发布，而不是葡萄牙。随后萨拉查政权即宣布该歌曲为“赤色分子的歌”，被列为禁曲。但是每年 4 月 25 日，为纪念民族团结友爱和重新回忆葡萄牙人引以为豪的革命，人们依旧高唱此曲，并把它称为“康乃馨革命的颂歌”。参见 http://www.youtube.com/watch?v=66l7rYEKkPs。

件，抗命加入反政府武装，事态随即演变为民众革命。市民们在政府军和政变军的枪口挂上康乃馨，军人们有感于此，纷纷取出了枪中的子弹。新掌权的过渡政府宣布，放弃除了澳门以外的所有殖民地，引进民主宪法，从而达成了所有预期目标。随即又通过全民公投，将政权移交到民众的手中。如此一来，欧洲的政治落后国葡萄牙，一跃成为稳健的民主国家。

带枪的士兵

初次面对自我

那时刚刚从比利时卢万学成归国的哲学系金炯孝教授热情洋溢的授课，强烈地吸引了我。他的课对我来说就是西方传统思维方式的基础训练。我甚至觉得，学问的世界也许就是为我准备的命运的宝库。随着我日渐陷入真挚而苦闷的情绪当中，金教授有一天突然对我忠告：“你要是想做学问，就先要沉下心。”这是老师对我感性层面的评价，让我非常困惑。他是想让我明白，我情绪上的敏感会对做学问造成影响。我不得不重新审视我的感受以及判断事物的方式。金教授是在督促我从根源上自我审视。金教授当时在我的心里种下了自我审视的种子。现在想来，连我自己都不了解自己的时候，当时感觉被人指出了隐藏的弱点，使我觉得慌张。可能金教授认为，在儒教文化中成长的人，尤其是韩国男人一直压抑的感性面貌，是做学问的时候需要克制和排除的要素。

当时金教授的指点成为我回味其义、审视自我的重要契机，是我有时辩解有时又重新解释，有时自我否定又肯定的一把钥匙。但是它作为自我肯定的重新解释，并不能说服我。这是我不能只看自己某一面活着的缘故。想要理解我否定性的一面和本质，终究会发现，其实自我的多面性具有硬币两面性类似的优点。在探索的过程中，我们会遇到优缺点界限并不分明的自我。广义上探索的过程就是在各自的生活里不断觉醒、认知的过程。在遇到障碍物的时候，尤其如此。如果我们能够把它当作是宇宙对我们成长的渴求而给与的考验并欣然接受，就会对我们有益。

我的经历是这样的：大学毕业后本无心再继续学业，在大一经济学原理课上取得高分给教授留下了好印象，得以受到教授推荐，进入大宇实业工作。刚开始的时候我工作非常认真，而且也觉得这个圈子非常上档次——初出茅庐的新员工，就能够去海外出差，这在当时也是十分令人艳羡的工作。这让我在工作之初也觉得十分新奇。可是接下来的日子却是痛苦难耐。工作多到不可开交，却找不到任何意义和价值，心情沉重。加之经常和官员、客户以及同行吃饭至很晚的这种工作状态，让人深感不适。不合理的社会运转方式以及企业的运营结构，越是了解，越让我感到压抑。我感觉自己的脑细胞在一天天死亡。再三考虑以后，我决定重拾自己的学业。所以我努力镇定心神，参加了母校经济学系硕士课程的入学考试。意外的是，我的名字居然没有出现在合格者的名单上。

落榜

当时研究生入学并不是特别难，但我居然落榜了，这让我无法接受。虽然我的专业——经济学和数学成绩由于不用功，学分并不高，但是我对哲学、历史和文学满怀兴趣，学分都是 A。所以我自认为毕业学分不会给研究生入学造成影响，更何况当初 100 多个学生上课的经济学原理课程，我可是仅有的获得 A 学分的两名学生之一呀。我曾为此早早地受到教授们的关注，也曾心生自信与自豪。教授们居然让我落榜！这不得不让我自尊心受伤，迷茫无措。我听说入学审查会议上，一位教授坚持不予录取我，于是我主动找到当事人金秉柱教授一问究竟。

“你要是下定决心学习的话，从现在开始准备去主流国家学习吧。学有所成了再回来。不要在这游手好闲，快走吧！”

预料之外的忠告，仿佛是对我的迎头一鞭，我顿时清醒了。所以我全力以赴开始准备。本科的专业成绩虽然不怎么样，但是全神贯注的学习结果使我的托福成绩也还不错。既然下定决心，那就一定能够发挥出水平。我自我鼓励，在人文学科的高学分，可以充分证明我的可能性，还把这种心情以长信的方式，添加到入学申请材料当中。刚开始觉得慢慢无望，但是入学通知书很快到达。去美国的留学准备比预想中进行得还顺利。

当时，我曾认为劳动运动是韩国社会民主化的有效推动力，但是没有渠道可以求得专家的见解。如今在经营学系也可以学到劳资关系与劳动法相关的科目，但是在当时的韩国，此领域并不为人广泛所知。20世纪60年代，西江大学设立了产业问题研究所，最早开始涉猎此方面的研究。我从仅有的一些材料得知，在美国开设有专门研究“劳资关系”的硕博士课程。所以，我改变了最初想要学习经济学的想法，把研究方向定为偏向人事管理或者劳资关系的经营学。于是，我怀着对于韩国凄凉的劳动者生存现状的愤怒，对于从学术上寻找现实问题解决方案的美好希望，开始了我的学术生涯。所以，研究生落榜反而让我找到了自己的兴趣所在，获得了探索未知领域的绝妙机会。

释放

收到俄亥俄州立大学的硕士入学通知书、开始做出国准备的过程中，我被关进了拘留所。罪名是持有记录 1980 年 5 月光州屠杀现场内容的传单。我还被带到 2011 年因为拷打后遗症离世的金槿泰议员曾经接受三周酷刑的南营洞治安本部里恶名昭著的对共分室。我虽然没有遭受严酷的拷问，但是被抓到那样阴森可怕的空间里，如何在恐惧与不安中度过那让人窒息的时间，才是真正让人生畏的。但也正是在那里，我的心里得到了一点奇妙的安慰。为了守护人权、参加民主化运动而牺牲的前辈与朋友，我对他们守护社会自尊心的行为一直充满了歉意。正因为在此，我的心债得以减轻，感觉一直沉重的肩膀也稍微变得轻松起来。辗转三处牢房，终于在 42 天后，也就是同年的 8 月 16 日，我被释放。出狱后，在监房里深入骨髓的恐怖与不安还留存了好一阵子，但是心债的偿还比起肉体的释放还让人感到轻松。两周后我坐上了飞往美国的飞机。在几位朋友不顾自身危险的帮助之下，我得以在机场成功逃脱。这是在电脑系统还不够完备的时代里才可能做到的事情。之后的 11 年，我都未曾踏上过祖国的土地。

初到美国，开始学习的地方是俄亥俄州的哥伦布。那是一个秋天美景怡人的地方。9月初到达，天空碧蓝、红叶闪耀的世界里，我却全然感受不到秋天的魅力。当时在我的眼里，外界的一切都是灰色的。我离开了韩国，这并不意味着立下军令状，可以大步向前了。我就像逃出了凶恶势力的魔爪，狼狈慌张地逃到异国他乡，实在是难以对学业拿出热情。准备也不充分，年幼的女儿还留在韩国。幸运的是，俄亥俄州立大学的指导教授史蒂芬·希尔（Stephen Hills）是一位非常亲切的教授。他设身处地考虑我的境遇，让我的身心得到充分的休息。对于总是想得多、做得少的我，给与了充分的信任与等待。多亏了教授，我才能够顺利完成硕士一年级的学习。尤其是教授还帮我在研究所谋到助教职位，让我得以为家人团聚做好物质准备。

与家人的重逢可以说是我人生当中最幸福的瞬间之一。在那个时刻，我才第一次感受到“幸福”是多么的可贵。“幸福”是不可放弃的人生价值。我非常新奇，享受政治安定和物质丰裕的美国人那种家庭中心主义的生活方式。这其实是每一个人首先应该追求和享受的生活根基所在。这时候我才意识到，在黑暗时期里一度觉得不可能享受到的个人幸福，不仅是可以品尝到的，而且是人应该享有的权利。我第一次认识到，总是被保留甚至被牺牲的我的个人幸福，是在任何情况之下都不应该被牺牲掉的。我们生活的终极目标是幸福。我虽然是个穷留学生，享受着自己来之不易的幸福，同时为了守护家人的安宁，尽了最大的努力。终于，这个世界开始发光了。曾经一片灰暗的哥伦布的秋天，在我眼里变得五彩斑斓了，枫叶焕发生机，祝福着我们的生活。幸福也并不只在家庭中才能感受到。感受到精神上的自由与生活上的满足，又或者是从工作中感到意义与喜悦，在共同交流中碰到知己，那种喜悦与幸福是无以言表的。如此美好的感受是激励我们健康成长的基本条件，同时也让我明白，曾经长期陷入阴沉抑郁的自己，在相当长的一段时期内，有意推迟或是拒绝了幸福。

理想主义者的金科玉律

希尔教授不但帮助我完成了学术理想，还不断鼓励我进步发展。在结束硕士学习临别之时，他还赠送了我终生难忘的教诲。我把它当作自我了解、维持积极性的有效方法。

“你是一个充满了理想主义气质的人，但不要因此成为一个愤世嫉俗的人。”

理想主义和现实碰壁的时候，许多人会受挫或是中途变节，或是变得愤世嫉俗。“本来就是这样，就是这么一回事，这世道就是这样。”以这样的方式很容易就自暴自弃。越是纯粹的人越容易受挫，越容易成为一个愤世嫉俗的人。

教授是想提醒我，任何时候都要铭记这一点，不要陷入这种迷惑当中。不是让我放弃理想，而是叫我不要丢掉精神上的从容、坚忍的同时，寻找智慧的解决之道。我认为这是所有理想主义者都应该铭记并分享的金科玉律。

如前所述，这种自我探索，尤其是理解成长过程当中拖累我的、阻止我进步的始末，寻找解决方法的过程中，点滴地了解自身的性格与多种面貌，不仅是了解自己，也是了解人性的重要个人探索。加之在俄亥俄州立大学硕士阶段的两年期间，我所受到的教育是扩展对人与社会的理解的重要过程。在这里积累的个人素养，成为我以后继续学业的基础。缺乏个人摸索的学术训练将会是空虚的，有时也是粗暴的。反之，缺乏专业性的个人摸索又容易是盲目的。这二者不是相互独立的。他们之间相互联系、相互影响，帮助我们维持视野的均衡与稳定。

在明尼苏达大学博士在学期间，通过在企业内部的人的心理层面与社会层面进行严密而有体系的课程学习，我收获了关于劳资关系与人事管理的专业知识与必要的洞察力。这是在韩国时我曾经非常纳闷又渴求的知识，是一段非常宝贵的经历。结束美国的 15 年学习生活，回到韩国把自己的所学应用到企业中去，在这一过程中，点滴积淀的关于“劳动的人”的观点与看法，以及前两章市场与企业中提及的理解方式，都是我个人经营哲学的新模式，即生态论性质的、反语式思考的重要组成部分。

人的现象

关于“人”这一生物物种的定义，依据不同，答案也不尽相同。最早的定义是1758年林奈（Carl von Linne，1707—1778）提出的智人（Homo sapiens）观点。作为学术语言的拉丁语物种sapiens包含“知理”和“品尝”双重涵义。这是对于人作为双脚直立的物种之特性的描述：人的头脑最发达，有理性，能够通过语言习得能力；同时，又能够区分味与美，能够不断提高自身品格，是具有审美与感性的独特存在。

那么究竟该如何理解人？我们来自何方，将去向何处？针对此问题，我想介绍一下结合了省察与科学性推论的一位中文名叫“德日进”（皮埃尔·泰亚尔·德·夏尔丹，Pierre Teilhard de Chardin，1881—1955）的观点。他把局限于生命体的达尔文进化论扩展至宇宙整体视角，继而将地球上生命现象中最复杂、最奥妙的存在——“人”的出现称为“人的现象”（le phénomène humain），并为之感叹、惊讶不已。[①]

① 皮埃尔·泰亚尔·德·夏尔丹:《人的现象》，Hangilsa 1997年版。德日进在中国工作多年，是中国旧石器时代考古学的开拓者和奠基人之一。——编者注

根据达尔文的进化论，生命与环境相互作用，无数偶然叠加，结果出现了人类。在漫长的历史时期，无数的生命发生变异，其中能够适应环境的个体，繁衍成为得以留存的物种。人也是经过相同的过程来到这个地球。率先出现的直立猿人最终都灭绝了，唯独头脑发达的现代人类，可以很好地适应地球环境，仍然生存于世。这是达尔文的解释。而德日进的主张则是，宇宙的生命从太古时期就已经开始活动。地球上出现生命以前，这种祥云瑞气就已经笼罩整个地球，无所不在，一粒尘埃也未曾脱离。太古时期，一些微粒子逐渐汇聚为复杂物质，这其中就孕育着生命。在诞生的诸多个生命体中，忽然冒出来的存在就是人类。因此人并不是无数偶然累积的结果，而是通过宇宙之爱的神奇力量，完成进化这一伟大叙事诗的一种神圣存在。至此，感悟到伟大的变化和整个宇宙震颤的人类，不再受束缚于身体驱壳的限制，而是超越人性、达到神性、又充满灵性的存在。

德日进是天主教会下耶稣会出身的祭司，他被推举为法国科学学术院会员，是地质学、生物考古学领域的权威。他全盘接受了在生物学、物理学、地学与化学等近代科学史上留下广泛足迹的俄罗斯科学家沃尔纳德斯基（Vladimir Vernadsky，1863—1945) 在 1926 年出版的著述《生命圈》中提出的词汇与概念，以及在此基础上提出的“精神圈”这一概念。如今日趋严重的环境危机使得“生命圈”这一概念不仅仅在自然科学也在社会全领域使用开来。这里指的是特定地区的天、地、雨、太阳、风等所有物质以及存活的所有生命之间的相互作用和自然现象包含在内的整个系统。但当时初次提出这一概念的沃尔纳德斯基，是从土质与地层的结构和变化，包含有矿脉与水脉的“物质圈”出发，继而推理出了由此产生的各种生命现象并称之为“生命圈”，还有出现在这里的人类智能活动，思维、感受、领悟等精神作用统称为“精神圈”。这其中所有层面反映的是太阳系中的地球在不断进化发展中，多次飞跃发展、扩张繁盛生命的过程。

与达尔文局限于生命现象来理解“进化”相比，沃尔纳德斯基和德日进则坚信，物质进化的过程中产生生命，生命进化过程中诞生精神，在此逻辑之下统合三个范畴的概念，确信地球的诞生和发展中已经包含了生命和精神。沃尔纳德斯基依据围绕地球表面大气中的氧气与氮气以及二氧化碳是所有生命体呼吸与排泄的过程中累积的结果，预见宇宙的行星不仅是靠物理的力量，还受各种生命活动的影响不断发展变化。根据德日进的观点，进化是个人成长与社会进步之间呈现的动态平衡，是所有存在无时无刻不在进行履新的过程，就是现在这个瞬间也在进行着。尤其是通过自我省察和精神成长，遇到如此伟大真理的个人思维与活动被认为会引导人类共同体和社会向着更好的方向发展。也就是说，整个宇宙和人的意识向着更高的精神水准，向着完美境界在不断前进。

严格按照旧约圣经所述的创造论，主张物质与生命在不断进行重组过程的进化论，以及将此矛盾的两种观点以一种背反的方式糅合在一起的德日进的观点，清晰地解除了我对于人类存在这一根源性问题的疑惑。并且这也是我在此书中能否用相似的方式来看待市场、企业以及人类问题的契机所在。创造论与进化论不是必须二者必择其一的对立理论，而是一种超越对立、相互融合的思维方式。

皮埃尔·泰亚尔·德·夏尔丹

德日进将自然科学中习得的知识与发源于西欧的神学感性相融合，告诉我们，人类，不，我是20岁、30岁、40岁、50岁，最多也就百岁，人不过是受限于自然生命法则的微小存在。但是地球的生成，不，整个宇宙进化而展开的巨幅史诗，同时也是我的故事。父母的精子与卵子结合，即将成为人类胚胎的受精卵在母亲子宫上着床，但我绝不是在这一瞬间才产生的。

形成我的母亲的卵子，其实在母亲脱离外祖母的子宫、来到这世上的时候，就已经孕育在母亲仍为女婴时的身体里了。仅从这里开始算的话，我应该是早于出生以前，和母亲生命同岁的生命体。那么母亲呢？我的天呀！如此说来，我的年纪可以追溯到我的外祖母，不，可以追溯到人类初生的太古时代，甚至宇宙洪荒时代。这样的觉知赋予我们日常喜怒哀乐不同层面的新意义，告诉我们所有的过程是为了我们，不，是为了我的精神，为了灵性成长而铺设的学习之路。通过学习，我们还会获得新的省察与热情，如此的学习旅程将超越人的生物学年龄，让我们的思维到达德日进提出的那悠久的进化大史诗所指向的“最终点”（omega point）。

劳动的人（Homo faber)

从身体条件的角度来说，人在动物王国里理应老早就被淘汰灭种。既没有可以抵抗严寒的厚实皮毛，也没有适合狩猎的粗壮大腿，没有结实的肌肉、锋利的牙齿，更没有可以飞上天空的美丽翅膀。但在不知不觉间，人却成为地球上物质与生命的统治者。这是充分发挥智人特性的缘故。这是人理解环境适应环境的同时，不断拓展自己的认识，用感性去感知微妙的味觉差异，提高了生存概率的结果。以智慧代替力量制作工具去确保足够的粮食，制作美观的衣服，营造休息需要的温馨空间。

为了强调这样的制造某种物品的能力，20 世纪 20 年代德国哲学家马克斯·舍勒（Max Scheler，1874—1928）把智人改称为劳动的人。这是他在1928年出版的《人在宇宙中的地位》（Die Stellung des Menschen im Kosmos）书中第一次使用的表达。他指出，人在进化层面上，与其他动物具有显著的智力差异，并且具有制造实用性工具的伟大能力。人不但能够大量生产生活所必需的制品，还能够非常有效地开发生产方式。这一勤劳属性，在近代劳动现场尤其突出。但除了诚实和勤勉的特性以外，人得空也会想要寻找乐子，具有享受生活乐趣的特性，这点谁也挡不住。荷兰文化史家约翰·赫伊津哈（Johan Huizinga，1872—1945）针对这一特性组合出新词“游戏的人”（Homo ludens），还于1938年出版了同名书籍。除此以外，还有许多描绘人特定属性的表达。比如，人虽然自负聪明，但实际却是相反的“无知的人”（Homo insicens）。还有很早以前，亚里士多德在形容人的社会性动物属性的时候，用过“社会性人”（Homo socius）这一表达。

我们首先关注“劳动的人”。大多数人在这个世界上不玩也能活，但是不工作就无法生存。要不断地关注周围，寻找对生活有益的事情。对于这种人，劳动也是游戏。例如，高句丽时代的文物舞踊塚壁画中的狩猎场面就说明了这一点。

这幅图所描绘的就是劳动与游戏的完美结合。二者和

描绘狩猎祭天时所用的野兽而闻名于世的高句丽舞踊冢壁画

谐交融，达到一个非常理想的状态。但是大部分人，尤其是在社会上工作的现代人，都不能够如此。这是在社会上不可能把工作和游戏混在一起的缘故。所以大家辛劳一周，苦盼周末。每到新的一周开始，就会经历一种叫作“周一病”的心理障碍。如果是工作狂的话，就不会有任何副作用，会感觉更好。其实我们这一代接受的教育是把工作型的人视作典范，对他们进行称赞。我们对此毫无疑问，只能束手无策地忍耐。在辛苦的工作岗位上劳动的人究竟是怎样的存在？与生存息息相关的工作岗位上，人到底被认为是怎样的存在呢？

20世纪最伟大的管理学家彼得·德鲁克（Peter Drucker，1909—2005）的代表著作《管理的实践》（The Practice of Management）被称为“管理学圣经”。该书中曾提到，“人的能力是我们能够利用的资源中唯一能够不断成长和发展的资源”。[①] 这是准确的判断，也包含人具有无限可能性的涵义。被称为“现代管理学之父”的德鲁克，注重人这一优秀资源和人力资源的重要性。但是让我们想一想，资源有着非常重要的用途，但是一旦被用尽，就会被抛弃。无用就会被抛弃，那是人吗？残酷的职场上，一旦没有了用处就会被抛弃，人真的不过只是这样的一种存在吗？

资源？还是来源？

如果按照此理论，那么人就不过是生产过程中的一份资源，和资本、技术一样，劳动力不过是生产过程中投入的资源。如今资源还包含了信息，经济学当中“生产函数”被称为独立变数，用公式 $y=f(x)$ 表达的话，右边的 x 表示

① 彼得·德鲁克:《管理的实践》，Lee Jaegyu 译，韩国经济新闻，2006 年。

投入生产的资本与技术、土地、机械设备或是信息等；左边的 Y 一般用 P 来标记，产品 Product 用数量进行标记。这里的变数 X 土地与资本、机械设备等生产要素和产品一样，都是交换的对象，在生产要素市场里受市场法则、需求与供给关系的支配。例如，特定原材料的需求增加，价格上涨，供给就会吃紧。我们也经常从新闻报道里听到由于中国大量进口铜，导致铜价上涨；但是伴随生产规模缩减、需求减少，铜价又会重新回落。这就是市场经济的需求与供给关系。如果我们把劳动看作投入生产的多种变数 X 之一，那么就可以把人称作人力资本（human capital）。

“人力资本”这一用语是 1964 年芝加哥大学的加里·贝克尔（Gary Becker）教授出版了同名著作后，开始在经济学界被正式使用，转眼已经 50 余年；在经营管理学方面使用也已经 10 余年。如今信赖与信用也被包含进来，一起称为“社会资本”（social capital）。贝克尔教授引入“社会资本”这一概念是因为在原有的经济学领域中研究劳动时，并没有考虑质的差异，只把它看作单纯的投入要素，而使得国民生产总值（Gross National Product，简写为 GNP）的增长不能够被准确说明。但是当我们把单位劳动的生产力差异使用学历和经历的差异来测定，就会获得比较高的说服力。因此“人力资本理论”的导入其实是研究生产关系时，不仅要考虑劳动量（quantity），还要考虑劳动质（quality）的需求。通过这种观念的确立，我们导出了一个结论："教育极其重要，要投资教育。如果进行终身教育的话，就能够提高整个社会的经济水平。"于是教育领域也有了"投资"的概念。在此之前，这是两个毫不相干的概念，出现了人力资本概念之后，对于教育的投资与收益也逐渐备受关注。教育学领域当中也出现了引进教育投资理念的教育工学（Return On Investment，简写为 ROI）分析，教育投资收益率这一概念也慢慢确立起来。核算公司对教育投资多少，会给财务上带来多少的影响，这种看待问题的方式与观点，实际上就是从加里·贝克尔的"人力资本"概念中引申而来。

市场系统中企业录用员工的依据是什么？很简单。进入公司后能否通过劳动为创造附加价值做贡献，而并不是因为这个员工有多漂亮、多高贵。在这点上，人的劳动与资本、机械、土地、建筑物一样，都是生产要素。但是我们稍稍转换一下思路，人也是生产的来源（sources）。所有的工作都是由人来完成，人不过是生产过程中投入的资源（resources）。但生产过程本身又是由谁来设计和运营的呢？当然是人。那么企业采用的员工投入生产过程执行所属业务的时候，既是生产资源，同时，作为独立的个体，又将重新拟定工作方式。即，劳动的人，既是生产过程的要素，又是生产过程的设计者。

劳动的人的两面性

资源 Resource	vs.	来源 Source
成果 Doing	vs.	省察 Being
生产过程要素	vs.	生产过程的设计者
管理对象	vs.	经营管理的主体

生活与劳动也是一样。对于我们来说，生活与劳动在本质上是以相互对立为前提的吗？工作是工作，生活是生活，把二者分开来，这二者的均衡是现代人非常重要的课题。对于一个人来说，把对成长（存在）省察抛诸脑后，只专注于做好工作（成果），他的生活就完整吗？反正工作是疲累的、残酷的，那么就把它和快乐的、温暖的、幸福的生活分离，这竟然是最好的解决办法吗？劳动的人都想要休息、想要舒适，因此多人协同的企业，就需要有生存必须的确保效率的规定。但是组织成员中没有任何人只想做仆人的工作，每个成员都想开发和发挥自己的能力，成为自己工作和组织的主人，积极主动地生活。所以说，工作的人，既是组织内管理的对象（object），又是管理的主体（subject）。人，不仅在人类的历史中，即使是在市场和企业中，也是牵动市场和企业的主体。我们都是人，既是资源又是来源。在公司的立场上，我们是管理的对象，但是有时作为管理的主体，我们人又十分活跃。这种双重属性不

可能只择其一。这才是劳动的人的真正面目。

机能不平等性（Functional inequality）原理

不必要通过一些复杂的经济理论进行说明，我们都明白，业务执行的结果和个人能力的差别有关。每个人质素不同、能力有差异，自然做事的绩效也不尽相同。我们每个人在机能上都是不同的，大家都渴望工作晋升，但结果却截然不同。我们深知在这种差异的前提下进行能力和成果评价，每个人都能够找到发挥自身特长的工作，固然非常重要又颇具意义，但是业务成果的评价必然是因人而异的。那么不管成果的好坏差异，待遇都一样，这是不公平的。企业应当根据职员的绩效差异，给与其相对公平的待遇。“没有差别待遇的世界”是关于人尊严性的基本常识。但无视机能差异的平等性，即放弃多样性这一优点，无疑是愚蠢的。这会危及市场生态系统的可持续发展。根据绩效进行公正评价与补偿的成果主义，是关注到个人能力与成果差异的机能不平等性以及公平性原理的存在。公平性原理的基础之上，则是效率性原则。想要在市场生态系统中生存，企业一定要严格遵守基于效率性的公平性原理。

有“走向地狱易如反掌”这样一句西方谚语。还有谚语说“地狱里满是善良的期望与渴望”；意思相近的表达中，也许“地狱之路的外表满是善意”最为脍炙人口。这意味着结果总在背叛善意。能够让我们确认这一残酷现实的历史事件数不胜数。在选举中标榜德国民族复兴而一举获胜的希特勒，实施了历史上最残虐的大屠杀。做出美好承诺的独裁者，没有谁事先露出自己的真面目，而是打着光鲜的旗号，肆意践踏他人的生命，破坏身边人的生活。那么企业内部的改革也好、社会革新也罢，都不是靠着那些美好的愿望和热情就可以成功的。我们需要同时关注阴与阳，把握事物的两面性，拥有既能看到光又能看到影的智慧，同时具有接受现实的谦逊、遵守原则的恒心与毅力。即，我们需要背反式灵活运用“存在论的平等性”与“机能的不平等性”。

在企业里，所谓的“效率”指的是所有投入的最终产出比率。提高此项的就是“效率性原理”。这也是企业立场上叙述的五种生命现象的综合结果。代谢、稳态、适应力、对刺激的反应以及自愈力，这五种特性是生命体维持健康和可持续发展、提高效率的机能性面貌。如若不能够完全发挥此机能的话，也就标志着生命力的相对应衰退。如果我们忽视个人能力与成果之间的差异，那么企业的生命力就会相对应地减弱，最终在竞争中会被淘汰。如若是这种状况，企业就无法在市场中存活。这就是企业需要适应“市场运营原理”这一环境要素，而劳动的人不得不承认“机能不平等性”。这一用语是一直试图恰当说明“公平性”的重要性和寻求解决方案的我苦心研究的方案。不是人格上的不平等，而是机能上的不平等。一方面是强调对于企业这一特定组织的运营来说，如果不导入机能不平等性，即基于公平性原理的成果主义，就会在市场生态系统中遭到淘汰；另一方面，它又是着眼于人的普遍性平等与差异的概念，具有确保企业可持续发展的实践性意义。

同时，生态系统的所有要素都具有适当的规模，超出了一定的范围与限度就有可能引发共同灭亡。一样的道理，公平性与效率性也需要保持在适当限度以维持动态平衡，否则打破平衡则会使健康恶化。在此基础之上，让我们再来探讨一下“存在论性的平等性”原理。

存在论平等性（Ontological equality）原理

在存在论层面上，每个人都是有尊严的、平等的。这是人作为存在本体的固有性缘故。不管我是谁的儿子或是谁的女儿，也不管我又是谁的妈妈或是谁的爸爸，重要的是，我是我们家族的一员。不，比这还要珍贵得多。去公司上班，努力工作，提高绩效，得到认可，升职加薪……，这当然是心情愉悦的事情，但这不是全部。一个人工作能力强，就一定在人格上比其他人伟大吗？我们所谓能干的人，那些在工作中做出很大成绩的人，在生活中同时也能够关心、安慰、鼓励他人，能够跟他人分享成长养分吗？真的只是做好自己的工作就足够了吗？我们可以不为了与同事的共同成长而努力吗？我们所有人都有作为一个“人”完成自身成长、成熟的义务与使命，整个宇宙在长久的岁月里孕育了“我”的出生，造就了“我”的存在，期待“我”的成长，鼓励“我”的进步，这难道不是德日进通过“人的现象”向我们讲述的伟大事实吗？

与行为的优劣、劳动的价值、个人的成就无关，人之存在本身就平等。到了一定的年纪，作为大韩民国国民，我们便具有作为市民行使选举的权利。即使你的钱再多、权力再大，也不能多投出一票，依据就是“存在论平等性”。

已故红衣主教金寿焕曾开过这样一个玩笑。在教堂任职事务长的一个老人去了天堂，但是无人对他的到来表示欢迎，包括守护入口的米迦勒天使长。正感到有些失望的时候，天堂入口处礼乐齐鸣，众人甚是欢喜。老人仔细一看，是自己服侍过的本堂神父来到天堂。这个老头于是跑到圣彼得面前控诉：“在不平等的人间社会过了一辈子，原以为天堂会人人平等，会好很多，没想到天堂居然还是一样！我到天堂的时候无人理睬，之前脾气那么差的神父一来，你们就如此盛大欢迎！”彼得听完，淡然说道：“喂，像你这样的人天天来，不过我们这都好几年没见过神父了。”

这个笑话，包含人作为存在本身都平等的涵义。他那纯真灿烂的笑容，至今还在温暖着、抚慰着我们的心。如此，人的存在本身就是可贵的。因此人不管在天堂还是在人间，都应当是平等的。繁忙的日常里即便不能够理解，但我们也不是无边无际宇宙的迷儿，我们是和终极现实（Ultimate Reality）相连接的，是和存在的根源相联系的灵性存在。因为我们原本就是和所有存在可以相通的微宇宙（Microcosmos）。

无论谁都有对事物独立选择、决定并对此负责的自由意志。不管谁说什么，我都过我自己的生活。这一固有的个人存在是应当被尊重的。通过各自的选择，能够感受自身的能力与生活的意义。“我”的生活变得丰裕的同时，整个宇宙也会为之高兴的。这是我们存在的理由。198 页图表表明了劳动的人在两要素之间的悖论关系，揭示了其中对立的内容。但是这二者之间并不是不可调和的矛盾关系，而是一种阴阳互补、引领可持续发展共同体的悖论关系。

生活与劳动

查理·卓别林自编自导的电影《摩登时代》里，卓别林通过工人被束缚在传送带上，要终日劳作、不停地上紧螺丝的场景，揭示了产业社会对人性的冷漠，表达了生活与劳动相分离的现实。影片中，人只是被当作生产资源消耗的这种极端现象，通过卓别林饰演的工人患上了强迫症——一看到东西就想把它上紧而被送往精神病院的故事，展现给观众。这部影片通过喜剧的形式，批判追求利润的工业化生产和产业化对人性的冷漠与摧残，控诉了不仅无视存在论性平等，连存在性本身都被强迫忘却的悲惨现实。我在硕士第一学期的读书课题中，曾经接触到类似的内容。当时那凄冷的心境，至今还记忆犹新。

1952年开始到1997年的40多年间，活跃于美国广播时事节目的主持人斯特兹·特克尔（Studs Terkel，1912—2008）曾出版过《美国人谈美国》(Working)一书，记述了与美国社会的各种职场人——从停车场管理人、饭店服

务生、消防官到大企业高管的对话。1974 年出版的这本书中，美国人对于当时工作与生活的协调、人这一存在的本质等，倾吐了各自的深切感受。书中披露了 GM 汽车工人一天的生活，说工人们早晨从正门进入，“咔嚓”按下出勤记录仪上的按钮时，就开始把自己的灵魂寄存在了警卫室。而后进入工厂工作一整天，下班时再次咔嚓按动出勤记录仪上的按钮，取回自己的灵魂，回到各自家中。

我们是不是也在过着同样的生活？去企业上班的那一瞬间开始，其他的事情都放诸脑后，只有工作；到了下班的时候才重新做人。这虽是有些极端的比喻，但在工作期间，忘却人性的存在，只是变成一个机器或是机器人，像机器一样工作的人，这种状态的劳动究竟可以持续多久？

劳动的悖论（The Paradox of Labor）

生产过程要素（Production Factor）	作为“存在”的人（Human Being）
· 财物（Goods） · 交换对象（Objiect for Exchange） · 市场法则的支配（Efficiency） · 资本（Humen Capital）	· 生命（Life） · 尊严（Dignity） · 感性/理性/灵性（Emotion/Reason/Spirituality） · 自由意志（Free Will）
“机能不平等性” 公平性（Equity）	“存在论平等性” 平等性（Equality）

我们都知道，人这一存在不可能这样长久运转下去。当然，在企业里我们要认真工作，通过工作做出一定的成绩，通过工作证明能力。在工作现场这是很明确的现实。

韩国国家统计网站公布的2014年韩国整体人口中，经济活动人口大约占52%，有2600多万名。经济活动人口中，工薪劳动者占70%。不管这一比率的高低，韩国在企业上班的工薪一族现已超过1800万名。如此多的人口工作的地方，人们究竟过着怎样的生活？去工作的首要原因当然是为了解决温饱问题，没有什么事情比解决家人生计和创造美好未来更加让人理直气壮、值得尊重了。它是如此的重要和伟大，但是去公司上班工作绝不是生活的全部。人们遵守团队规则，不轻率地挑战，只是诚实地完成负责的工作，就可以保证持续这种状态吗？

这种想法产生的原由，就是我们生活的大部分时间是在工作现场度过的。究竟有没有使工作本身不仅成为个人成长或是社会身份上升的途径，更是个人成熟的进阶石的方法呢？如果能够在度过人生大部分光阴的职场上实现人生意义，会怎么样呢？我们的行为与存在，乍一看是对立的，这些属性难道不可以和谐地两立共存吗？就如照亮进化论的科学物证，通过德日进的神学省察，更加让人产生共鸣和首肯，从而上升为更高层次的认识。有没有方法在理论上证明劳动的人的二元性也不是矛盾与对立的，而是共存与互补的关系，并且通过日常体验来共享呢？难道没有把行为与存在这一既是生产过程的要素又具有尊严的存在主体——可贵的人，融合两方面特性并提高到更高层次的方法吗？

混沌与矛盾的时代

农耕社会向产业社会、信息社会的过渡以极快的速度进行，韩国社会尤其如此，因而造成各种要素的混乱存在。这种混沌状态也是造成对人的理解产生混乱的原因。时代潮流不同，对人的理解方式也会产生差异。产业社会以前，为了能够克服自然的挑战，拥有健硕的肌肉的大力士就是最优秀的。但是近现代，在发挥理性（reasoning）力量的过程中，能够具备进行分析与计算的冷静思维能力变得尤其重要。例如，古代的西方人强调“身体强壮才能精神清醒”（Mens sana in corpore sano），而被称为“近代科学之父”的弗朗西斯·培根（Francis Bacon，1561—1626）则主张“知识就是力量”。力量的中心从身体转换到精神，要求人适应这一新的规则。但是人人都不同，用一个规则进行管理是很困难的，由此强调需要借助有效手段进行管控，同时非常有必要树立教育原则。企业的经营也同样需要忠实于此。

产业化初期，对于个人心理和情绪的理解是非常不充分的。企业经营管理的主流方式是通过赏罚制度来加速达成目标的机械化人事管理。这也是我们对内啡肽的科学原理一无所知的缘故，找到适合自己的、自我确定、自我肯定的过程中，内啡肽的分泌会使人这一存在发生变化。在美国，行政岗位比率与工厂劳动岗位持平的20世纪60年代，管理学领域引入了道格拉斯·麦格雷戈（Douglas McGregor，1906—1964）对人心理研究的结果，他试图寻找与时代相对应的解决方案。传统组织管理方式把人的本性之思考行为方式设定为厌恶工作、喜欢逃避责任、习惯命令、只顾眼前利益。道格拉斯·麦格雷戈将这一传统组织管理方式命名为X理论，并且批判了其落后性。与之相对应，他从强调人的积极面貌的角度阐释了Y理论，从而刷新了对人的理解与认识。比起外部的命令或补偿，赋予人能够确认自身存在的内在动机，可以帮助人形成积极的自我认识，从而使人从心理压抑中解脱出来，发挥出创造性的潜力。

18世纪科学革命之后的产业革命时期，排除感性的理性思维占据主导地位。20世纪初，世界顶尖的物理学者醒悟到这一基础是矛盾的，于是经历了一场关于存在的危机。当时关于物质机械运动的法则已经被揭示，于是乎让大家充满人类不久即可对所有物质现象进行预测的自信。但是伴随光研究的开展，探索物质最小单位微粒子的微观探索，我们发现仅仅依靠理性逻辑，很多说不通、解释不了的矛盾开始出现。对于当时顶尖的物理学家来说，事物的位置与运动量的测量是件易如反掌的事情。可是那么理所当然的自然法则，却在微粒子的世界里解释不通。一个定下来，另一个就说不通，矛盾不断。量子力学之父沃纳·海森堡（Werner Heisenberg，1901—1976）曾说过，遇到这种状况的科学家们经历了一场好似天塌地陷般的冲击。[①] 这其中，维也纳出身的一位科学家沃尔夫冈·泡利（wolfgang Pauli，1900—1958）为了要整理思维的混乱，曾寻求精神科医生的帮助。他的主治医生就是卡尔·古斯塔夫·荣格（Carl G.Jung，1875—1961）。恰在此时，荣格放弃了弗洛伊德式的机械性解释，虽然这一解释涉及人的意识与无意识的方方面面。荣格试图从周易角度入手，用更加综合的方式寻找一个新的理解方案。在荣格看来，看似矛盾的量子的形态，用东方传统的理解方式看来，实际上是十分普遍的现象。从这点上，他可以帮助泡利整理混乱的思维。海森堡披露，理解和解决这种矛盾、接受新的思维方式、放弃原有的思维方式本身，就是令人恐怖的一种冲击。这可以说是科学史上划时代的变革，但这并不是人人都可以有共鸣、共喜乐的一种经历，还是让当事人深感困惑与不解的一种考验与磨难。

这种混乱并不仅限于打破了古典物理学传统、开创了

① 沃纳·海森堡:《部分与整体》，Kim Yongjun 译，知识产业社 1985 年版。

量子物理学新世界的伟大科学家们。放弃原有的价值观，不得不以一种全新的观点去转变自己的时候，所经历的混乱、绝望或愤怒，这些都是自我省察的过程中必然会出现的。这是要完成艰难的内在蜕变必须要经历的成长痛。哪怕是小麻烦，如果反复出现的话，有很大可能是源于需要改掉的、长久以来的惰性或是固有观念。最重要的是，我们要把这种不和谐当作精神成长与灵性成熟的绝好机会。我们只要认识到，人是参与宇宙进化的小宇宙，就能够更加积极、灵活地运用这种机会。可令人惋惜的是，人越上年纪就越是很难醒悟到此，很难从惰性与固有观念中解脱出来。但这是为了自身成长，为了“我”和身边人，应该欣然挑战的生活课题。不知不觉间，丰富多样的电子产品已经成为我们生活的日常。而这正是在量子力学的基础上才得以诞生的。20 世纪新的物理学正是在经历了如此深刻的变革与挑战之后，通过模式转换，摒弃了原有的观点与思维方式，经历了一场十分残酷的存在危机，才得以确立。

互补原理

矛盾指的是矛与盾。锋利无比、无盾不破的矛，能抵挡任何矛、坚不可摧的盾，这二者的共存是不可能的，即所谓矛盾。量子力学中，确定了物质的位置，算不出它的运动量。而确定了运动量的准确值后，又无法测定位置，这就是所谓的“不确定性原理”。海森堡的老师尼尔斯·玻尔（Niels Bohr，1885—1962）通过“互补原理”（complementarity）这一解决矛盾的悖论，更加完美地阐述了这一棘手的事态。光，被看作和水的波纹一样的波动（wave）。但是我们发现把它当作微小的粒子，用于运算也毫无问题。但是粒子不可能同时是波动，尼尔斯·玻尔把这种相互对立并共存的特性，命名为“互补性”。企图对这种波动性、粒子性、互斥特性的共存进行证明的讨论，一直没有间断。这一时期，尼尔斯·玻尔恰好对亚瑟·叔本华（Arthur Schopenhauer，1788—1860）的代表作《作为意志与表象的世界》（Die Welt als Wille und Vorstellung）中的核心理论——唯心论性质的佛教思维拍手叫好。佛教传统中被称为“智慧的核心经典”的《般若心经》中，“色即是空，空即是色”（Form is emptiness, Emptiness is Form）的语句不仅是《般若心经》，而且是所有大乘佛教经典的核心要义。

把达尔文进化论扩展到物质与精神层面的德日进的思维，与东亚的传统思维有着许多相似之处。但是同时，对以德日进为首的西方人来说，宇宙不是我们习惯称之为chaos的混沌世界，而是具有固有秩序的整体cosmos，这个空间与时间无关。如此，打破假定时间与空间完全不相关的17世纪古典物理学观点，开创20世纪新纪元的爱因斯坦时空连续体（time-space-continuum）可以称得上是令人震惊的模式转换（paradigm shift）。但是与此同时，东亚传统的宇宙论一直以来都认为这是理所当然的。

《训蒙字会》中摘录

东方的“宇宙”在朝鲜时代孩童习字用的汉字教科书《训蒙字会》中有所记载。作者韩文学者崔世珍（1465—1542）将《千字文》中的“宇”和“宙”各自说明为“四方上下”和“古往今来”。[①] 他把宇宙看作所有空间和时间的结合体。正所谓“天人感应”，天、地、人互相关联。宇宙万物的道理与人间社会的问题，被看作具有一贯性的整体。这种整体划一的大局观，从孔子、孟子传承至老子和庄子的弟子。作为近代化的基础，虽然分析性的思维所具有的优点很多，但是其局限性如今也相当明显。试图摆脱近代性思考的片面性与短浅性的缺点而出现的后近代的、也就是所谓的后现代主义思维，与具有悠久传统的东方传统思维相通。对于此发现，玻尔不禁欢呼。他在为纪念获得诺贝尔物理学奖、丹麦王室授

① 《训蒙字会》，弘文馆2012年版。

予的纹章进行制作的时候，把简明概括宇宙摄理的太极纹样设定为祖国丹麦科学的象征，并刻进了阴阳太极原理的拉丁文句子：“对立（不是矛盾）相互补充。”（contraria sunt complementa）

劳动的人的矛盾与悖论

前一章企业篇当中，在讨论企业存在理由的时候，我们讨论了从孟子见梁惠王时所传授的教诲，到“利润悖论”所具有的意义。令人惊奇的是，人类史上各个宗教鼓励探寻真理的大师教诲，大部分都是通过悖论的形式进行表达。临济禅师（？—866）曾教诲众生：“逢佛杀佛，逢祖杀祖”；《道德经》中老子曾说：“道可道非常道，名可名非常名。”即道是可以被说出来的，但说出来的却不是永恒的道。万物是可以去命名的，却不是万物永恒的名。老子奉劝我们不要拘泥于固定观念，不要思维僵化。悖论大师们究竟想要给人类传授些什么呢？

他们应该是想告诉我们，想要获得新的答案，首先需要从固定观念中解脱出来。矛与盾，理性与感性，公平与平等，机能性不平等与存在论性平等，等等这些看起来是对立与矛盾的关系，但是缺少了其中任何一方都会不完整，它们其实是相互牵制的互补关系。在这一点上，它们是悖论、背反关系。因此，想要真正接受如上理论的话，首先要从固定观念中摆脱出来。[1] 与悖论相关，想要与读者分享的故事，是对经营企业需要的人的理解，相关的“劳动的悖论”（paradox of labor）。机能性不平等与存在论性不平等的关系，绝不是水火不相容的排他关系或矛盾关系。根据观点立场的不同，悖论可能会偏重其中一方。但是我想申明的是，通过对立反而可以使这种关系上升到更高层次互利互助的悖论关系。208 页的铜版画《画手》（Drawing Hands）是喜欢画悖论这一主题的荷兰画家艾雪（Maurits Cornelis Escher，1898—1972）的代表作。我们从中可以感受到画家试图启发人们对共存与相生进行深刻省察的用心。

最近管理学界接连发表了针对悖论重要性进行论述的论文。玛丽安・刘易斯（Marianne W. Lewis）和其共同撰稿人，将悖论与二者择其一（tradeoff）及妥协（copromise）区分，相互矛盾但是互相连接的 A 和 B 要素，在很长一段的时间内同时存在，并表示能够熟练掌控“悖论性领导力”（paradoxical leadership）。这种领导力是战略灵活性（strategic agility）所必需的，并通过阴阳太极纹样来表现

① 悖论如本书开篇部分的说明，是希腊语“并行”含义的 para 与表示“信任”的 doxa 的合成语。虽然不像“矛盾”是排斥性的含义，但是具有不容易融合的对立的意思。

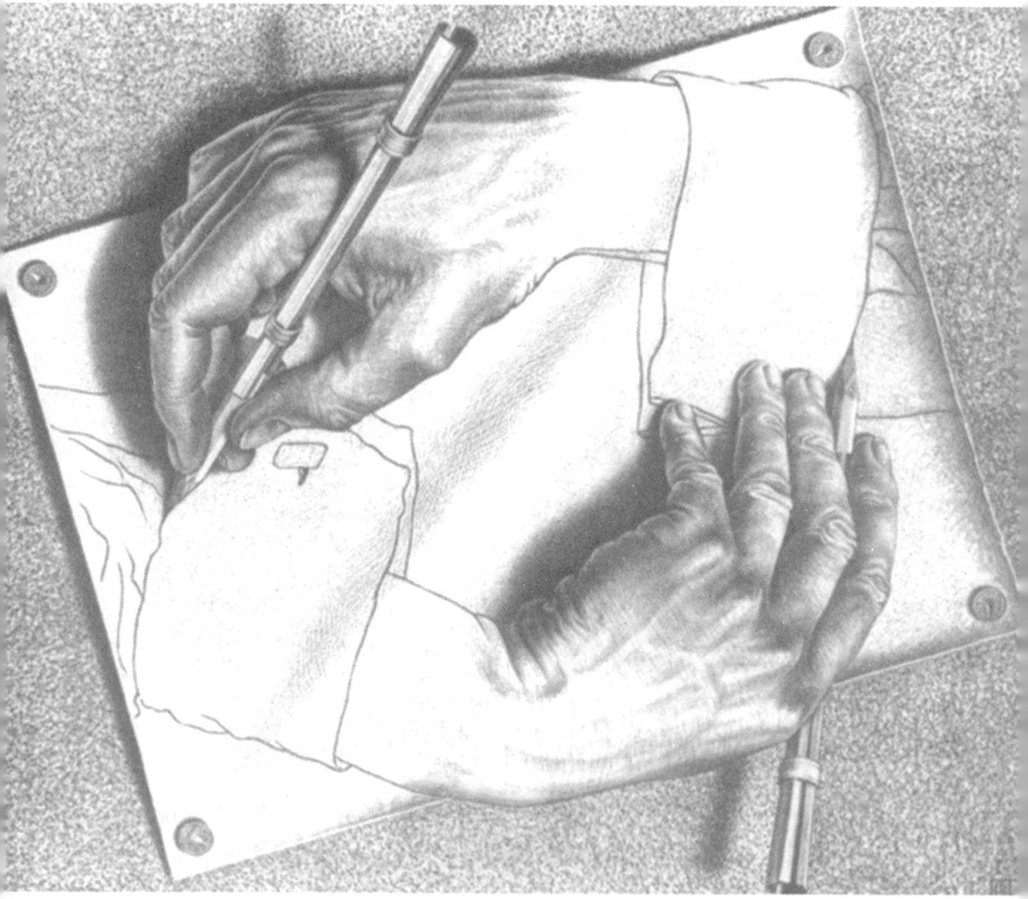

《画手》，1948 年

这种悖论关系。[1] 在风中残烛的处境之下，把悖论的智慧刻进国旗，1897 年宣布成立大韩民国时的雄心壮志，时至

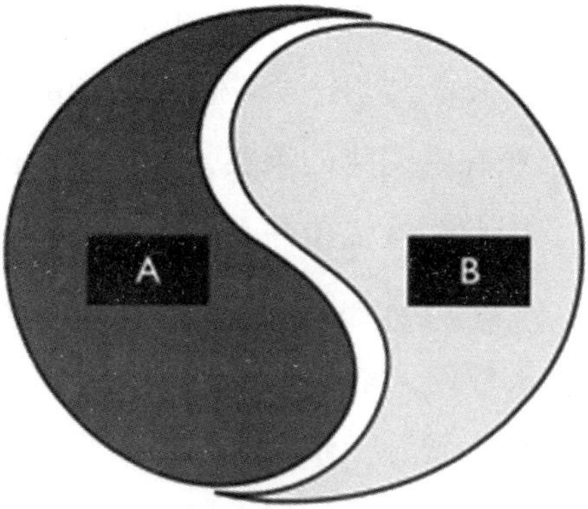

今日不但有效，还焕发出新的生命内涵。

1941 年大韩民国临时政府金九（1876—1949）主席书写了号召美国侨胞对光复军进行支援的文章，转交给从中国去往美国的比利时神父梅雨丝。如上的那面太极旗中，我们可以看到，在当时维持了阴与阳，就已经被看作对等的、共存共生的太极纹样。

如前文所强调，我们不可能具有全知全能或是无所不在的神的视角。人虽然能够不断提高理性与感性，并能获得灵性的觉醒，有着非凡的智慧，但是人此时还是身体条件有着不少限制的智人。为了躲避 20 世纪 70 年代臭名昭

① Marianne W. Lewis. Constantine Andriopoulos. Wendy K. Smith. Paradoxical Leadership to Enable Strategic Agility. (2014) 58~77.

著的皮诺切特军政府的暴政而逃亡至欧洲的智利生物学家温贝托·马图拉纳（Humberto Maturana，1928—）把人视角上的局限称为“生物学条件”，其情况用多个图标和211页图揭示了其内在关系。[1]用一张白纸遮住图的下方，我们会错认为这只鬣蜥在吃美味的果实，但实际上它在吃自己身体的一部分。因此，这幅图并不是表示一种主客分离的二元对立关系，而是颇具趣味地为我们展示了融为一体的主体与客体互补的悖论关系。

如果真正求取大智慧，希望理性、感性与灵性能够得到进一步提高，首先要学会审视自身。冷静地审视自身的观点，不去计较对与错，后退一步仔细地审视，是一种觉知我们自身内心构造的有效方法。在佛教传统中，冷静内观自身的要领被称为毗婆舍那（vipassana），即内观禅修。梵语的涵义是深入洞察，就好比在混乱的旋涡之中，观察那颗不知所措的心，被称为“观心法”。电视剧《太祖王建》中备受瞩目的最高统治者——僧侣弓裔的口头禅被喜剧化，带讽刺意味的台词“以我从关心法来看”曾一度流行。但观心法不是把“我”作为主语“我”来看，而是把“我”作为宾语来观察“我”。应该说“从观心法来看我”才是正确的。令人惋惜的是，他对于此错误的认识导致他的领导

① 参见 Humberto Maturana&Francisco Varela, The Tree of Knoeledge, Shambhala 1992。

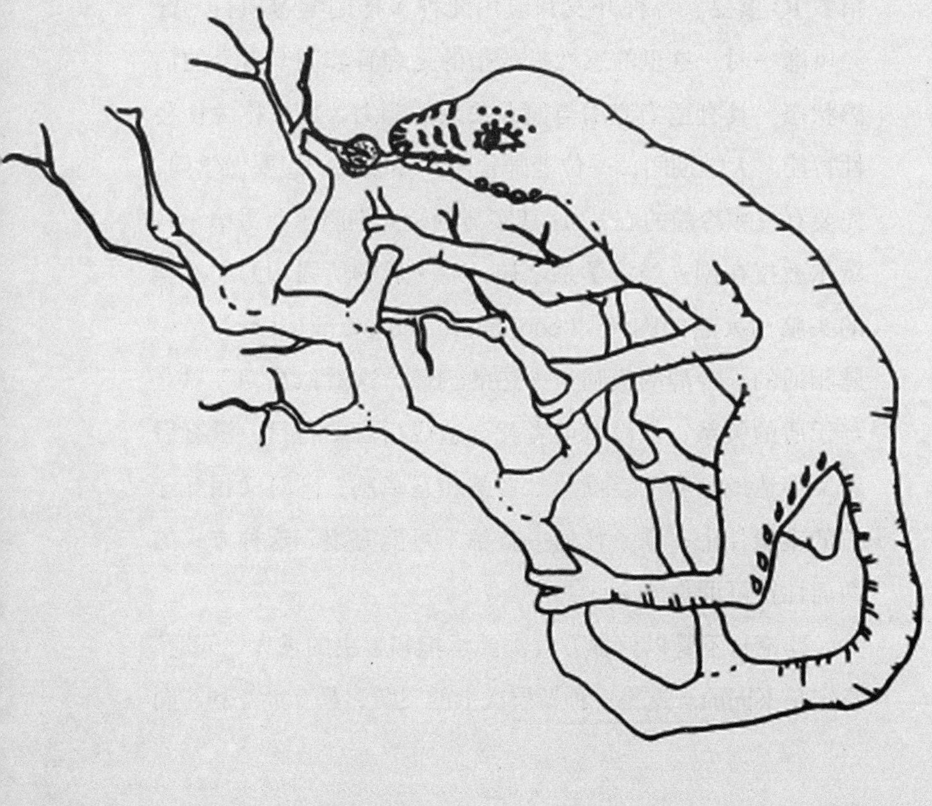

力未能持续，而是以失败告终。想要正确地掌握这种观心法，首先需要确认自我观点的出发点与方向。人在身体上的局限，造成不可能一次性从全方位的角度看尽一切。我们常常从一种偏见中摆脱，却同时进入另一种偏见。演员就是把此作为自己的职业。治疗人际关系的精神治疗法，其中一种就是角色互换，“心理剧”正是利用的这种原理。通过角色互换，在与我矛盾的对象的立场上，仔细观察我的独特观点和内心实像。

对社会上的成功来讲，感性指数 EQ 一度被认为比理性指数 IQ 重要。各种开发和应用此种多样的学习项目，曾经风靡一时。这里的感性指数指的是理解和调节自身的情感状态，具有适当应用与他人关系的能力，也被称为社会性智能。大学期间，一位老师曾经教导我们“想要做学问，先要有一颗冷静的心”。这其实与剑桥大学阿尔弗雷德·马歇尔教授在创立经济学系之初，对于后学所强调的“冷静的头脑和火热的胸怀”（cool heads and warm hearts）是一脉相通的。冷静的头脑与火热的胸怀，这看似是相互对立与矛盾的关系，但没有前者就会造成后者的盲目，没有后者又会造成前者的空虚。二者是相互牵制、同时又相互守护的宝贵伴侣，缺了任何一方都不可能完整。这种方式的两面性正可谓是悖论。

悖论与不管以何种方式都要承担和解决的重大“问题”肯定是不同的。这是一种新层次上的飞跃，是互助互利、同步发展的绝好机会，同时，也是先决条件。劳动的人在市场法则支配的劳动现场，既是交换对象——生产要素，又可以将其看作货币或人力资源。正是这个缘故，我们要承认起因于人的能力与成果差异的机能性不平等。这也是顶天立地在生态系统中维持固有地位绵延不断的人类的生存法则。但是人又是通过对自身“存在”进行省察与自觉、在任何情况下都能够进行学习进步的神圣小宇宙；还是遵从天意、参与宇宙进化的过程中，一个十分伟大、有尊严的存在。

尊重人格管理

我所体会到的企业管理的核心，一是对人的理解，二是培养真正的领导者。对此，我把它总结为“尊重人格管理”。人类历史也可以说是一部个人权利的扩张史。但是为什么到现在还要说“尊重人格管理”？在过去的20年里，说韩国企业取得了翻天覆地的变化，一点也不为过。与此同时毋庸置疑的是，物质丰裕和繁荣的内部，隐藏着许多亟待解决的问题。我相信，在面对市场生态系统的主体企业与活跃其中的人的关系以及对于“劳动的人”的固定观念，能够从产业化时代曾经有效的固有方式中摆脱出来，从与时俱进又颇具深度的角度展开思考，是解决诸多问题的良好开端。正是因为此，对于劳动的人提出了“资源?

还是源泉？”这样一种提问。由此发端尝试以“存在论性平等”与“机能性不平等”的互补概念去融合劳动的悖论。但是我所主张的劳动悖论，是尊重人格管理的依据与基础。“尊重人格管理”是企业要求的人才培养。上一节结尾部分介绍的培养真正领导者的核心，也是组织中个人潜力得以最大化发挥的运营方式。

在明尼苏达大学取得博士学位后，我从1988开始在圣何塞的加利福尼亚州立大学担任了3年教授。当时我一心专注于基于经济理论的实证研究，对企业本身并不关心。直到1991年转到乔治亚州立大学任职后，才开始案例研究。20世纪80年代德国和日本的制造业迅猛发展，对美国的许多企业造成了威胁，众多企业不得不开始进行大刀阔斧的改革，这就为观察这些有趣的变化并将它们当成案例进行研究提供了绝好的机会。

很多果敢的蜕变与改革大刀阔斧地开展开来，包括：从内部革新以提高产品品质；从生产者为中心的模式中摆脱出来；重组以顾客为中心的企业企划结构；以提高企业内部的效率为目标，大力强化劳资合作关系等。目睹这些鲜活的变革，让人对企业的先进化与变化可能性以及担任的社会角色而陷入深思。得益于此，我能够通过对当时美国具有代表性的一流企业案例进行深入研究，尝试摸索适合韩国国情的企业及其劳资关系结构。以此为契机，回国后我没有选择去学校，而是把企业作为阵地，获得了在实践中解决那些核心案例存在问题的机会。

古往今来，对于“人”的讨论从来都没有终止过。尤其是在天赋人权的自觉层面上，不仅有法国市民革命、美国独立战争以及19世纪末在朝鲜半岛形成的“人乃天”的觉醒，还有东学农民运动中提出的以人本主义为基础的人人平等与社会变革的主张等。但是与之相比，我们更熟悉的老话“不能让别人的眼里流血泪”更让我们明白“尊重人格管理”这一简明的道理。这一方面在强调前文提过的绩效主义人事原则的重要性，又是警示我们不要陷入“原则主义”的陷阱。能够同时协调人的生活与组织活力的灵活性，是任何时候都值得回味的重要教诲。

组织内部，个人不是只知道工作的机械，而是要与企业共同成长、一起进步。当职员感觉真正受到关心，即上司或企业对个人成长和发展真心关注的时候，这种感觉就是存在感。如果自己的工作成绩让人觉得仅仅是上司用以升迁的工具，那我们不可能获得存在感。例如，“一个天才养活10万名普通人”与“99999名各司其职的善果之下，1名被选作代表”的组织中，哪一个组织更能够让人感受到自身的存在感呢？不管工作条款如何严格与苛刻，通过工作，如果能够确信我们不是在为了领导者的高升而工作，而是组织成员在共同成长、共同进步的话，部下就算偶尔嘟囔抱怨，也不会感受到伤害。“我在这个部门、这个公司是非常重要的人！”这种存在感会衍生出主人翁精神。主人翁精神又会带来创新的发挥与自律的工作态度，继而个人得到进步，企业也会更加强大和灵活。

但是在这里，需要再次强调的重要原则，是前面所提及的绩效主义人事管理，它基于机能性不平等的公平性

· 确保企业可持续性成长（Sustainability）的基础，是确保效率（Effciency）

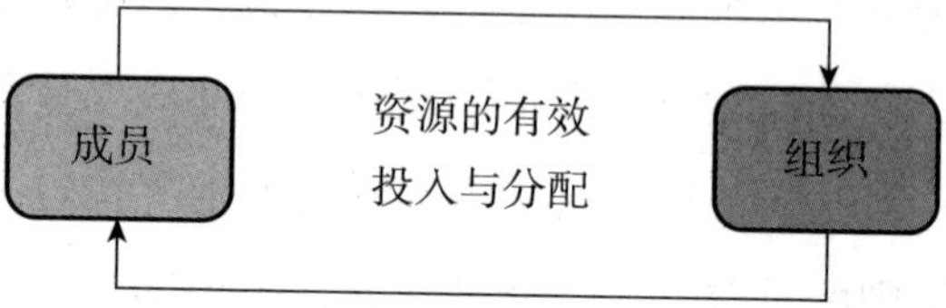

确保可持续性的“绩效主义”

观点。当我们把“劳动的人”看作“生产过程中的投入要素”，如下图所示，资源的有效投入与分配原则必须是有效的。

给与善于工作的人更多报酬与机会就是“绩效主义”的人事管理。只有执行这一原则的时候，才能确保组织内部的效率，企业才会朝着积极的方向发展。因此，“尊重人格管理”与“绩效主义”人事管理绝不是相背反的关系，而是能够使人的潜力最大化发挥的管理方式，仿佛硬币的两面一样，是必不可少的。

再次强调，劳动的悖论是尊重人格管理的基础。下图展示了看待“劳动的人”的两种观点，即作为“生产过程要素”的人与作为“存在”的人，这相互矛盾的二重属性，用“劳动悖论”来进行解释说明。在“尊重人格管理”中，

个人具有提高自身能力的责任，而企业也具有给个人提供发挥能力机会的义务。能力最大化是个人的义务，不是企

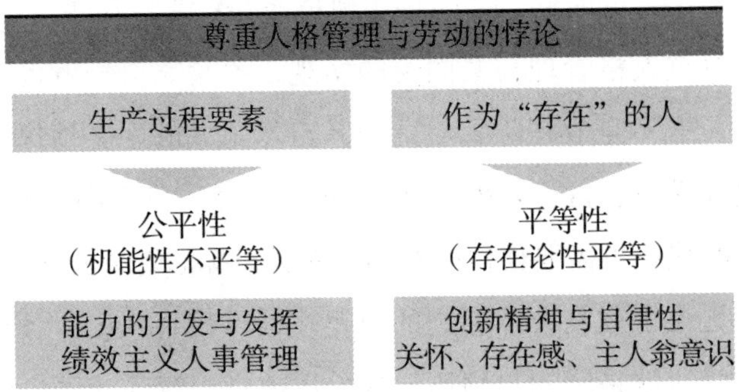

业的义务。但企业应该做的是给不断提高自身能力的职员以发挥才干的机会。

组织内部，人的“存在论性平等”与“机能性不平等”一定要同时确保，这就是公平性原理。如此，“尊重人格管理”不是由上至下的单方面施惠，而是通过相互作用，组织与成员共同成长、互惠互利，从而发挥效果的一种灵活的沟通方式。

同时，尊重人格管理的原则如果应用于劳资关系，则会更加有效。从劳资关系层面来看，作为交涉当事人的管理层和工会代表，极易在矛盾与紧张之中相互寸步不让，变成一场零和游戏。这种情况之下，可以转化为相生游戏的根据就在于“尊重人格管理”的原则与“实现共同善”的实践与努力。这是因为相生要通过全身心投入，参与共同善才能够实现。在市场与企业篇当中多次强调，只有实

实在在，所有利害关系人共同成长与发展的企业才能够在市场生态系统中获得可持续发展。只有在追求共同体性质的劳资关系的时候，才能够实现长期的繁荣与发展。

尊重人格管理与共同善的实现，不是靠口号就可以完成的，也不是放任不管就能顺其自然达成的。必须提前实施自我学习、自行领悟、自主决断的教育。但要注意的是，这个时代不再需要仅仅以短期绩效为目标的管理技巧教育，或是无条件服从公司原则的填鸭式精神教育。企业教育当中，学习就是感知与领悟、怀着主体意识行动达到决断的

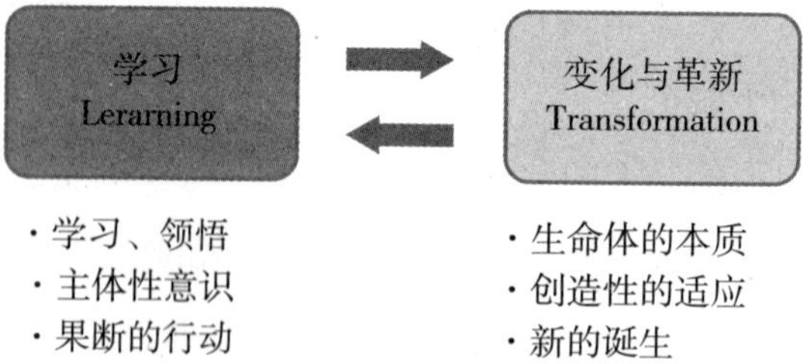

企业教育模型

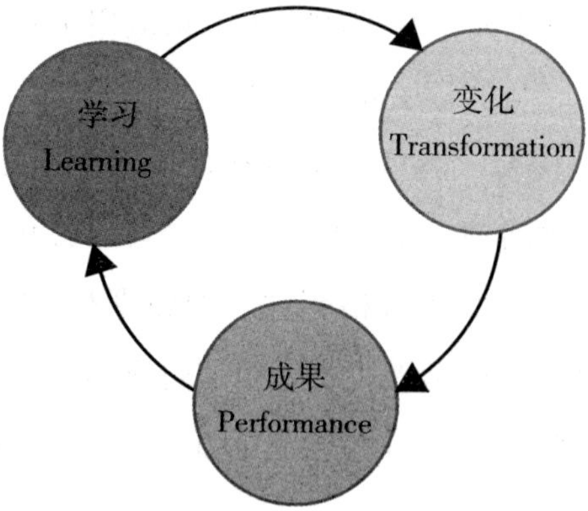

过程。如前所述，变化是生命体的本质现象，固定不变、顽固不化的东西，与死亡没有区别。要在不断变化的环境中主动地适应，要寻求蜕变。当今时代的企业教育如下图表所示，需要能够引发具体的变化。

所有的教育大抵如此。但企业教育尤其要注重“学”而不是“教”。“教育”一词用英文“educate”来表述，这是拉丁语 e-（向外）和 -ducare（拿出来）的合成语。

向外拿出来的意思，就已经蕴含其内有物的涵义，前提是各自内心已经有了一颗觉醒的种子。教育的本质不是在一个空空如也的地方塞进些什么，而是给存活的种子施予阳光和水（学习），使之发芽、开花、结果。韩国语词汇“教가르치다”的语源是“그르”（犁，说）+ 치다（养育，培养），这是不是包含通过语言去耕耘对方心田的涵义呢？

关于教育效果的持续性，我们不能够把学习的半衰期（half-life of learning）抛诸脑后。自然状态之下放射能的同位元素的质量，有半数发生衰变，所花费的时间被称为“半衰期”。例如，锕（actinium）的半衰期只有 0.018 秒，但是铀（uranium）却需要 45 亿年。企业当然也需要立竿见影的实用性、技能性教育，但是与技术发展速度成正比例的技能性知识，有效期非常短。让人领悟根本价值的教育和领导力教育，看似没有立竿见影的效果，但是其半衰期和有效期非常持久，是为了企业的可持续发展一定要确保的要素。当今时代的企业教育必须包含以上所有。

大韩民国

山穷水尽之处，也就是韩语中“哪怕是被撵到了三水甲山，既然下定决心就要放手一试”这样颇具气魄的表达。三水甲山是朝鲜王朝时期，以流放大逆之罪的犯人而恶名远扬的穷山恶水之地。如今，这片土地成为一个叫作“大韩民国”的国家。我的曾祖父是近代军队的一名高级军官，曾参与大韩帝国在列强夹缝中渴望独立自主的军队创建。他的军队在 1905 年《乙巳条约》的签订之下遭到解散，曾祖父随即隐入盖马高原附近三水甲山的深山老林之中。1907 年他再度率部下开展抗日武装斗争，成为丁未义兵传说中的突击队长，是一位敏捷勇猛的“青岩长者”。我虽没有见过曾祖父，但这位长者给我留下“咸镜南道三水郡襟水面億斗里”籍贯所特有的精神。这在我的幼年时光里，烙下了“做人”典范的印记。

这个传说，我是从他的儿媳妇、我的奶奶那里听说的。十几岁嫁人，生了一个儿子却死了丈夫，青岩曾祖为了让儿媳妇再嫁，把奶奶送回了娘家。他亲自养大了孙子，非常宠爱他。我父亲在 18 岁的时候，得知我曾祖父母准备要让自己和同村的姑娘成婚的消息时，留下一封“成功了就回来！”的血书，于深夜离家出走，翻山越岭来到首尔投奔我爷爷老友在钟路5街开办的医院，开始了在首尔的寄居生活。父亲白天在医院帮忙干杂活，晚上上夜校，梦想着能有一天衣锦还乡。不久之后，朝鲜战争爆发，他再也没有机会踏上三水甲山。当他听说自己的亲生母亲在巨济岛收容所，就义无反顾去找到了给了我整个宇宙的奶奶。

我的奶奶不会对路过的穷人和乞丐视而不见，她是一位十分无私、能够包容全世界的充满爱的人。在我三四岁的时候，每每听到卖麦芽糖的商贩吆喝“不管拿啥都给换糖”，还有那“咔嚓咔嚓”的剪刀声，我都会和同村小伙伴一起在后边跟车，踩着拍子跳舞。有一天，我特别想吃糖，就把奶奶擦得干干净净的陶瓷夜壶拿了出去。但是糖贩子却不收，我恼羞成怒地把夜壶摔碎了。回到家，我不知所措，奶奶只是以一句“这小兔崽子”的数落、拍了几下我的屁股就了事了，跟妈妈一句话都没有提及。小时候无论我如何不懂事甚至青春期叛逆，她都全部包容。当我说后背痒痒，奶奶就上下左右挠得我很舒服。她的手开裂得像耙子，但是通过她温暖的指尖，刻骨铭心地提醒我，她是世上无论什么都无法替代的尊贵的人。如今我已经为人祖父，希望通过我，能够给子孙完整地传递这份温暖与爱护。

怀着寻找流落南方的儿子的信念，奶奶一个人踏上寻子之路。在兴南码头，她上了一艘停泊着的运输船，一路南下。虽然无法证实，但我确信奶奶乘坐的是孔枝泳的小说《高高的绿色云梯》和电影《国际市场》描述的 Meredith Victory 号避难船。当时的船长，在既没有食物也没有饮用水，甚至连厕所都没有的货船上，运载了困于码头瑟瑟发抖的 14000 名难民，而且没死一个人。令人难以置信的是，在船上还出生了 5 个婴儿，安全地完成了“生命之航海”的奇迹。这是在 1950 年 12 月朝鲜战争炮声隆隆的圣诞节前后三天的事。完成了这场奇迹之旅的雷纳德纳鲁船长，在 1954 年加入了天主教修道会，余生做了一名海军修道士。虽未曾谋面，但这位船长对我来说，是位让我感激不尽的大恩人。

我的外曾祖父在日据时期从汉阳搬到平安道一个小山村，做了一名教书先生。外曾祖父德才兼备，连日本巡警都会在外曾祖父宅院 5 里之外下马步行，等过了 5 里之后才会重新上马。根据外祖母亲述，每到晚上都能听到窃窃私语的声音直到清晨才散去。这留给我的记忆是外曾祖父作为朝鲜儒生刚正不阿的行为。原来，外曾祖父置个人安危于不顾，为了转移独立运动资金才在去往中国东北的要道上安家。这个故事使我从幼年开始就对外曾祖父产生了一种尊敬和敬畏之心，让我在任何困难中都能保持自信和自豪感。

伴随朝鲜半岛的分裂，尽管我的直系祖先们都失去了家乡，成为“冷战”的牺牲品，勉强糊口度日，但是他们一如既往地警示着我，不要忘记“做人”的重要性。带着四个幼小的孩子南下，吃过各种苦，艰难地维持生计，即便在这种境况之下，身为名门之后的尹氏家族的外孙女——我的外祖母，在金九先生的葬礼上，不分昼夜连守三天，送走了金九先生。我的外祖母是一位必须要尽到“做人的道理”才心安理得的有骨气的女子。背井离乡、孤身一人抚养四个孩子，叫人惆怅茫然的境地里，她无时无刻不在忍受着“机能性不平等”。尽管如此，她对于担忧这个国家安危的“存在论性平等”充满信心。这信心也是她在不堪的境遇里守护自身的力量。

不需要谁来教导，自己觉悟到“对于存在的确信”，认为某种高尚价值是不可放弃的，不会以机能性不平等为理由，既不过高评价自己，也不会无故地看低自己。仿佛单靠存在自身就能使角色焕发光彩的著名演员一样，反而在危机之中使局面戏剧性地反转，成为新的主人公。这种宇宙信仰正是守护这多灾多难的民族坚强不屈的背后原理。手无缚鸡之力的民众救出的国家，勇猛讲义气的贵族和庶民共同参加义兵，挽救既凄凉又神圣的国家，这悖论就是我们国家的历史。数千年前，我们的祖先在建国之初就树立了“在世里化　弘益人间”的宏图伟志，世世代代流传至今。我坚信正是得益于此，我们在周边列强的摩擦之下，也能坚忍不拔地克服困难并能延续史上罕见的悠长的王朝历史；在帝国主义席卷全球的“冷战”时代，我们依然坚韧不屈，在牺牲与困苦之下，实现了今天的经济发展，取得了辉煌的成就。

回顾我自己的成长过程，度过了放浪形骸的青年期，魂不附体地跑到美国学习管理学，走上企业人事管理与劳资关系的研究之路，说起目的的话，其实可以说是为了学习如何做人。不是我个人，而是我们大家如何做人的心态与生活条件、制度基础等，这所有的一切都是我小时候不知不觉间习得的“做人”的简明真理，以及如何在复杂的社会构造中有组织地去探究。这也是我在企业的20年间，通过实践获得的一种宽广视野的体现。在曾经沦为殖民地的国家中，大韩民国是最具戏剧性地克服了各种艰难险阻，创造了成长为经济大国的纪录。在某种意义上，我们所面临的矛盾与各种悖论性的状况，也许因此而更加深重。但是同时这也说明，尖锐的矛盾也许正是黎明前的黑暗——新时代来临前充满希望的征兆。

我在本书中想要与读者分享的是，市场与市场生态系统中想要生存与发展的企业的多重面貌，以及与所有利害关系人相关的由东西方传统中获得的悖论智慧。此书虽尚存诸多不足，但希冀给渴望新时代的读者带去希望。谨此寄语。

结　语

在美国生活的 15 年间，我做研究生和教授时，常产生两种想法。其一是在美国的国际政治立场上，大韩民国“Korea”实在是一个弱小的存在。对他们来说，“Korea”是他们为了自身利益随时可以摆布的存在，这着实让人感觉伤自尊。所以一直以来我就有一个愿望：在美国出入境过程中，移民局职员对待韩国人至少能给予像对英国或法国人一样的待遇。在世界舞台上获得认可，获得相应的待遇，这是我一直以来的夙愿。

其二，“如何做才能实现这点呢”？我的结论是，我们的经济需要有质和量的大发展。

从 1991 年在乔治亚州立大学开展美国革新企业案例研究的时候，我就认为韩国的企业需要在短时间内具备世界先进企业的水平与实力。在这个时机里，LG 集团向我伸出了橄榄枝。经过一段时间的深思熟虑，我决定投身于企业，但是 1995 年 1 月回国后，不到三年就遇到了金融危机。在为了挽救公司而进行的财务、事业结构调整过程中，不可避免地要进行抛售资产与裁员。此举遭到很多员工的强烈反对:“说的是人格尊重管理，为什么要裁人？”这让我陷入一连串的沉思。这到底是怎么一回事？真正的“人格尊重管理”究竟是什么？我放弃了学者的前途，果敢地选择了别人不会选择的道路，参与到实际的企业管理中，是想做一些真正有意义的事情，但感觉却像是人生触礁——不能解决管理理念的实践问题，却还留在企业工作，这本身就是矛盾。想要解决这个矛盾，首先要说服自己的理论就是“生态论 / 悖论性的接近法”。

看着那些在大企业工作的员工，我发现他们对于在所谓的财阀企业工作，怀有两面性的情绪：享受着相对不错的待遇，带着满足感工作的同时，有一种不能够理直气壮的情绪。怀着对工作、职场以及自身的自豪感和使命感，我想要寻找包括我在内的上班族尽心尽力工作的心理根据和自我价值认同。“维持生计固然重要，但能不能超越这点，怀着实现理想和目标的愿望，参与到让人眼睛发亮的这样一家公司的工作呢？”这个想法一直困扰着我。员工累得要死要活，忙于完成下达的任务，这种情况下如何实现创意性、自发性呢？

在前面的内容里，我们介绍过彼得 · 罗素的观点。关于了解人类历史的众多观点中，他认为，根据劳动的人从事的工作，从狩猎与采集的时代开始，经过农耕时代、产业时代、信息化时代，正要进入“意识时代”（Consciousness Age）。社会与文化全面脱离产业化的后现代时代，从个人思维与生活方式发生巨变这一特征来说，我把罗素提出的“意识时代”理解为“觉醒的时代”。尤其是在年轻人中间，男女这传统单一的区分方式也弱化了。跟着时代的潮流，每个人都要成为自己生活的主人。当今的社会人比起过去的人，更积极探索自身生活的意义，想要确认自己存在价值的愿望，也变得史无前例强烈。在这样一个时代里，如果不能够发现自身价值，那么谁也不会无条件地献身或牺牲。你我都渴望成为领导者的时代，需要打造领导者的对策与方案。为了实现这一目标，自身首先需要成为领导者。如前所述，我要成为一个工具，把他们打造成为领导者。

美国作家威廉姆·亚瑟·沃德（William Arthur Ward，1921—1994）曾说过：“平凡的教师只说话，好的教师能说明，优秀的教师会做示范，伟大的导师则带来灵感。”按照他所说，我可以算得上是此生遇到多位伟大导师的幸运儿。如果说我此生能有超越期待的成长的话，那都是我一直感恩的朋友与老师的功劳。让我尝到学习之快乐的金炯孝教授，一把将我推进未知世界的金秉柱教授，让从时代枷锁中逃脱并留美的我感到温暖关怀的希尔教授，对我指点迷律、精心培养的福瑟姆教授，还有我的博士论文答辩委员会主席、直到最后也不吝惜指导我的人口经济学学者阿尔伯格（Dennis Ahlburg）教授，他们都是我非常感谢和爱戴的导师。

1995年我回国后，作为管理人员在企业工作的20年间，和我一同开展项目、陪伴我学习之旅、成为我智慧之友的有三个人：依据哲学和人文学，将未来与现实、道德与勇气用“领导力钻石”关系图标示出来的凯斯特鲍姆（Peter Koestenbaum）博士，让我明白了自由意志的重要性；对基于目的性的企业革新战略与可持续发展持有明确构想的伦敦商学院（London Business School）已故舒曼特拉·高沙尔（Sumantra Ghoshal）教授；还有加拿大麦吉尔（McGill）大学的亨利·明茨伯格（Henry Mintzberg）教授，他开创了管理战略新的接近法，拓宽了管理教育认识。

具本茂会长曾经用“难道我们一两年以后就不做生意了吗？”“人最多被骗一两次，还能一直被骗吗？我们要走正道！”这样的话来真诚又明确地告诫我们“可持续发展”与“正道管理”的重要本质。姜庾植副会长曾强调：“不应该做什么与应该做什么一样重要！”他总是时刻保持自觉和觉知，蓄势以待，在决定性的瞬间，如电光石火般采取行动，从根本上解决问题。在我工作的20年间，他把工作的职场打造成为学习、醒悟、愉悦之地，是一位创造了诸多管理学中脍炙人口美德格言的精英领导。姜庾植副会长的职场信条之一是："做一位后辈认可、前辈尊敬的职场人。"此信条与一般观点正相反，但却是我20年职场生涯的重要指航路标。我在乔治亚州立大学教书时，正式邀请我来LG工作的是LG人和院的第一任院长金容善社长。他是一位具有卓越的观察力和深刻批判性思维的长者。

写这本书的直接契机是2012年10月，在位于明尼阿波利斯（Minneapolis）的明尼苏达大学卡尔森商学院（Carlson School of Management）举行的"卓越领导奖（Distinguished Leadership Award）"颁奖仪式。那是令我感慨万千的时刻，也是对我在1982年博士课程入学后，整整30年间学术成果和20年企业工作成绩的认可。在获知我是经过母校明尼苏达大学将近一年的审查才被评定为获奖者时，我深感意外。拖着孱弱的身体前来祝贺的我的硕士指导教授——俄亥俄州立大学希尔教授，在颁奖仪式结束后的宴请上如是说道：

"你最不凡的品质，是过去30年间矢志不渝坚持自己的理想，从未放弃努力，迄今为止都不对世界与人生抱有冷嘲热讽的态度！"

听了这话，我心潮澎湃、热泪盈眶。有几个弟子可以从导师那里听到毫不吝惜的称赞与鼓励？我真是一个幸运的人！由此，我便产生想法，要与其他人分享我在过去30年间从大学到企业的学术研究与实践经验。如果说我有所擅长的话，那就是不停摔倒、受伤，就算陷入困境也仍旧能够带着韧性全力以赴坚持到底的品格吧。这种力量从何而来？那至少是 60 年——不，也许是更早以前，我所结下的无数因缘：父母与子女，老师与弟子，上司、同事与部下，还有朋友们。从他们那里我获得了力量，又和他们一起创造了这种力量。至今还未实现的事情，也会因为他们的帮助而变得轻松，能够更游刃有余地去面对与解决。我十分感谢他们。

本书的主要内容是基于过去 30 年间我的所想、所学和实践，还有过去 7 年间在海内外 LG 各公司以及人和院开设的课程讲义。这些内容得以结集出版，要感谢人和院邢经华部长以及各位同事的耐心整理，还有在书写原稿的过程中，给予我真诚帮助的首尔艺术大学的金在熙教授。金教授仔细研读了我所运用的资料，在读者的立场上倾听我的故事，又通过无数次的交谈给我提出问题，帮助我深化思考，还帮助我从生态论的观点上展开思路，寻找有益的研究成果作为参照，搜集东亚思维与韩国传统相关的资料，丰富我的研究成果。借此机会，我向帮助我把支离破碎的思维片段串连成与读者沟通的肺腑之言的金教授，表达深深的谢意。